국제기구와
한국외교

— 이론과 실제

유네스코 아태교육원 국제기구 총서 10

국제기구와
한국외교

― 이론과 실제

인 쇄: 2015년 8월 20일
발 행: 2015년 8월 25일

기 획: 유네스코 아시아태평양 국제이해교육원
공저자: 박홍순·정우탁·이신화

발행인: 부성옥
발행처: 도서출판 오름(www.oruem.co.kr)
등록번호: 제2-1548호(1993. 5. 11)
주 소: 서울특별시 중구 퇴계로 180-8 서일빌딩 4층
전 화: (02) 585-9122, 9123 / 팩 스: (02) 584-7952

ISBN   978-89-7778-449-9   93340

이 저서는 2012년 정부(교육과학기술부)의 재원으로 한국연구재단의 지원을 받아
수행된 연구임(NRF-2012S1A5B4A01035996)

유네스코 아태교육원 국제기구 총서 10

국제기구와
한국외교

— 이론과 실제

APCEIU 오름

International Organizations and Korean Diplomacy

Theory and Practices

PARK Heung-soon · CHUNG Utak · LEE Shin-wha

APCEIU · ORUEM Publishing House
Seoul, Korea
2015

머리말

2015년은 국가적으로나 국제적으로 여러 가지 뜻 깊은 역사적 의미를 지 닌 해이다. 무엇보다도 우리 민족이 그토록 고대해온 광복 70주년을 맞이하 는 해이다. 일본제국주의의 식민지로부터 벗어나 해방을 맞이함과 함께 근 대 독립국가로서 주권을 완전히 회복한 지 70년이 경과하였다. 동시에 2015 년은 전지구적인 국제기구로서 유엔(UN, 국제연합)의 창설이 이루어진 지 70주년이 되는 해이기도 하다. 1945년 민족의 독립과 유엔의 등장 직후 한 국(남한)과 유엔은 숙명처럼 인연을 맺게 되었고, 오늘날까지 특별한 관계 를 유지하게 되었다.

1948년 8월 15일 대한민국의 건국 선포와 그해 12월 제3차 유엔총회의 결의에 의해 한반도의 유일한 합법정부로서 국제적 정통성을 인정받은 것은 한국이 오늘날 자유민주주의 국가로 자리 잡는 데 결정적으로 기여하였다. 이와 같은 유엔과의 인연을 비롯하여 한국이 명실상부한 중견국가로서 다자 외교를 활발히 전개하고 국제사회에 우뚝 솟은 대한민국 발전의 역사는 1945년 이전 한국이 부당하게도 국제무대에서 따돌림을 받은 역사적 현실 과 비교할 때 더욱더 의미가 크다.

가령 조선(구 대한제국 말)은 1899년 및 1907년 헤이그에서 개최되었던 만국평화회의에의 참석이 좌절되었다. 한국 대표단은 일제식민통치의 부당함을 전 세계에 알리고 열강들의 도움을 요청하려고 했으나 일본의 방해로 이루지 못하였다. 이준 열사 등 3인의 선각자들이 어려운 여건을 뚫고 조국의 억울한 실상을 국제적 다자외교의 장을 통하여 제기하려고 했던 것은 커다란 비애(悲哀)로 기억되고 있다. 대한민국임시정부(임정)는 1919년 국제연맹의 창설 시에도 회원국으로서의 가입에 관심을 가졌으나 역시 일본의 식민지하에서 주권을 빼앗긴 채로는 참여할 수가 없었다.

사정은 1945년 유엔 창설을 위한 샌프란시스코회의에서도 마찬가지였다. 임정의 샌프란시스코 대표단 파견은 주권이 없다는 이유로 미국 비자가 거부되어 불발되고 말았던 것이다. 이승만의 주창과 미국의 지원으로 1947년 9월 한반도 문제가 유엔에 회부되고, 1948년 5월 유엔감시하의 총선이 이루어지는 과정을 통하여 한국은 유엔외교의 걸음마를 시작할 수 있었다. 마침 유엔이 창설 초기임에도 불구하고 한반도의 총선 실시를 지원하고 대한민국의 탄생을 인정함으로써 국제사회에서 신생 주권국가로서 정통성을 인정한 것은 한국의 국제사회의 등장은 물론 외교적인 측면에서 커다란 축복이 아닐 수 없다고 할 것이다.*

국제적으로도 2015년은 다자외교의 효시가 된 유럽회의Concert of Europe의 창설 200주년이 된다고 하는 점에서 뜻 깊은 해이기도 하다.** 나폴레옹 전쟁 이후 새로운 국제질서를 도모하면서 유럽강대국들은 유럽의 평화를 유지하기 위한 새로운 형태의 외교방법으로서 이른바 정기적인 다자간회의외교를 창설하였다. 1815년 비엔나회의Congress of Vienna를 필두로 이러한 다자회의외교는 그 이전의 외교가 주로 중층적인 양자외교나 비밀외교에 치중한 것과는 달리 주요 강대국의 공식대표들이 정기적인 회합과 공개적인 논

---

* 박홍순, "대한민국 건국과 유엔의 역할," 이인호·김영호·강규형 편, 『대한민국 건국의 재인식』(기파랑, 2009), pp.93-138.
** "Conference Diplomacy: 1815-2015," *UN Chronicle*, Vol.LI, No.3(2014).

의를 통하여 국제사회의 평화와 안보의 다양한 현안 문제를 다루었다는 점
에서 차이가 큰 것이다. 이러한 다자주의는 이른바 '신외교'로서 외교협상과
제도, 국제기구와 국제조약의 활용, 그리고 중재재판의 사법적 해결을 비롯
한 국제법의 존중 등에 기초한 새로운 형태의 국제사회 협력의 장과 수단이
등장한 것을 의미한다.

　이와 같은 평화안보에서의 새로운 협력 양상과 여건은 18~19세기에 전개
된 산업혁명과 더불어 교통, 통신, 경제, 산업기술 분야 등에서 각국 간의
협력을 촉진함으로써 국제하천위원회의 창설, ITU(국제통신연합), UPU(만
국우편연합)를 비롯한 국제기구의 탄생, 그리고 상설중재재판소^{PCA}의 발전
에 기여하였다. 이러한 다자외교와 협력의 확산은 1899년 및 1907년의 헤
이그만국평화회의 개최 등을 비롯하여 1914년까지 이른바 '100년의 평화'를
유지하는 데 기여하였다. 그리고 드디어는 제1차 세계대전 후 1919년 국제
연맹$^{League\ of\ Nations}$(그리고 이를 바탕으로 한 1945년 유엔의 탄생)이란 공
식적인 국제기구 탄생의 제도적 기반을 제공하였다. 물론 19세기의 대부분
열강들이 복잡한 동맹외교와 세력균형을 통하여 국가이익을 추구하고 전 세
계에 걸쳐 식민정책을 추구하는 한편, 그들의 패권을 위한 현상유지정책과
왕정체제의 유지정책을 고수한 것이 사실이다. 그러나 19세기와 20세기에
걸친 다자외교제도의 관행과 발전, 시민사회의 성장과 각종 NGO(비정부기
구)의 발달과 더불어 국제법의 발전은 오늘날 우리가 이야기하는 (유럽의)
세계화의 진전을 반영한 것이다.

　이와 같은 국제기구 형성의 배경을 바탕으로 1945년 창설된 유엔은 제2
차 세계대전의 엄청난 재앙과 비극을 극복하는 새로운 인류의 결의와 국제
질서 구축과정의 산물이면서 동시에 국제질서 유지를 위한 주요한 장치로써
등장하였다. 유엔은 보편주의와 민주주의를 기반으로 주권평등, 1국 1표주
의, 분쟁의 평화적 해결 그리고 무력사용금지 등을 채택하여, 모든 국가들
간의 협력과 평화, 인권보호 및 신장, 경제적 번영 및 복지를 목표로 하였다.

이러한 국제기구의 탄생은 탈식민지화의 촉진, 신생국가들의 탄생과 회원국 가입, 총회 및 경제사회이사회 등 각종 기관의 기능 활성화, 유엔사무국 등 유엔 행정업무의 독립화 등을 통하여 새로운 국제사회와 질서형성에 크게 기여하였다. 20세기 중반 이후 유엔의 활동을 계기로 국제사회는 상시적인 회의외교, 다자외교, 공개외교를 보편화하게 되었고, 유엔은 국제공공정책 을 수립하거나 형성하는 데 다양하게 기여하는 필수적인 국제사회의 제도로 서 자리 잡았다는 점에서 그 의의가 크다.

또한 2015년의 시점은 지난 25년간 탈냉전의 시대에서 유엔 등 국제기구 및 다자외교, 그리고 글로벌 거버넌스^{global governance}의 관점에서도 국제적 으로 매우 중요한 의미를 가지고 있다. 1990년을 전후로 한 냉전체제의 붕 괴로 1945년 이래 유지되어온 미국과 소련 중심의 양극체제와 국제질서가 새로운 전환기를 맞이하였다. 이러한 소련의 해체, 동구권의 붕괴와 더불어 자유시장경제와 민주주의의 확산과 더불어 정보, 기술혁명의 확산, 무역 통 상확대 등 상호의존 및 교류의 심화 등은 세계화가 이른바 전지구화^{globali-zation}로서 명실공히 하나의 '지구촌'이 만들어지는 상황을 가져왔다.

또한 동시에 이른바 '글로벌 난제,' 예를 들어 지역분쟁, 인권유린, 난민, 기후변화, 테러리즘, 여성 및 아동, 빈곤 및 저개발 등의 문제가 전지구적인 공통의 과제로서 부각되었다. 25여 년간의 급격한 국제환경의 변화 가운데 국제사회는 그 대응 방안으로써 유엔을 중심으로 한 국제기구의 역할에 더 욱 주목하게 되었다. 가령, 유엔은 내전 및 지역분쟁에 따른 역할을 강화하 고, 이라크에 대한 전면적 군사적 개입이나 PKO, 평화구축^{PBO} 활동 등의 평화활동^{peace operations}, 리비아에 대한 인도적 개입 및 보호책임 등의 새로 운 규범의 발전을 주도하였다. 안보 및 평화 이외에도 MDGs(새천년개발목 표) 등 전 세계적인 빈곤해소를 위한 노력이나, 기후변화, 개발, 여성, 아동, 사회개발 등 각 분야별로 유엔 및 관련 기구의 활동이나 역할이 강화되거나 유엔 주도의 각종 글로벌회의^{global conferences}를 통하여 전지구적인 협력이 촉진되기도 하였다.

　이러한 새로운 여건과 유엔의 움직임은 유엔이 40여 년간의 냉전기간을 통하여 도외시되거나 무기력했던 과거를 벗어나 '제2의 창설'이라고 할 정도로 다시 활성화되는 것을 의미하였다. 탈냉전의 국제적 환경에 힘입어 유엔의 안보리 기능이 확대되는 등 비로소 창설자들이 상정한 바 국제사회를 위한 유용한 국제사회의 도구로써 그리고 다자외교의 틀로서 비로소 그 기능을 잘 수행한다고까지 칭송되었다.

　물론 유엔이 헌장의 정신과 목적에 따르는 역할을 충분히 하지 못하고 있다는 점에서 그 역할과 기능에 대한 비판이 여전히 큰 것이 사실이기도 하다. 유엔이 국가들의 이익 추구의 각축장이 되어 세계의 공통이익보다는 각각의 국가이익 달성에 치중하고, 특히 강대국들이 구시대의 제도와 관행에 의존하여 유엔에서 독점적 지위와 권한을 행사하고 있다는 비판이 크다. 또한 무엇보다도 70년 전에 창설된 유엔의 구조와 제도 및 권한이 현재의 국제사회의 요구나 임무를 수행하는 데 미흡하다는 점에서 비판이 많다. 하지만 유엔이 가진 이러한 구조적·권한적 제약이나 미비점은, 창설자들이 세계정부나 초국가적 정부로서가 아니라 국가들의 연합체로서 유엔에 부여했던 근본적 제약에 주로 기인하거나, 제2차 세계대전 직후 강대국들의 특권을 반영하거나 강대국들의 전횡 때문이라는 점에서 유엔의 역할을 옹호하는 반론도 적지 않다. 그럼에도 불구하고 동시에 안보리 개혁을 포함하여 행정관리, 재정개혁 등의 유엔의 구조와 권한에 대하여 개혁의 주문이 큰 것이 사실이다. 나아가서 국제사회의 난제해결에서 국가들이나 유엔의 노력만으로 부족하고, 결국 다른 국제기구, 다양한 NGO 등 시민사회, 기업 등 다양한 행위주체actor들과의 유기적인 협력과 공조를 통하여 국제사회가 함께 노력해야 한다는 의미에서 글로벌 거버넌스의 문제가 주요한 과제로서 다루어지는 상황이다.

　따라서 다자외교의 발전과 국제기구의 창설 및 진화의 의미를 되새겨보는 것은 한국이 유엔과 특별한 인연을 가지고 있음은 물론, 현재 유엔의 중추국가로서 유엔외교를 비롯한 국제기구외교를 강화하고 있고, 그 중요성이 점차 커진다는 점에서 그 의미가 크다. 즉, 한국이 건국을 비롯하여 한국전쟁 그리고 그 이후 국가재건과정과 경제발전은 물론이고, 현재에도 정전협정이나 북한 핵 및 인권 문제 등이 한국과 한반도의 평화안보에 직접 영향을 미친다는 점에서 국제기구의 역할 문제가 중요하다. 더구나 향후 남북화해나 통일 등에서도 유엔 등의 기여, 역할 가능성이 크다는 점에서도 더욱 그러하다. 특히 유엔의 집단안보를 비롯하여 제재, PKO, 평화조성, 평화구축 등은 국제사회의 참여와 협력을 바탕으로 한반도의 평화와 안보를 유지 혹은 확보하기 위한 중요한 장치가 될 수 있는 점에서 그 유용성이 큰 것이 사실이다.

나아가서 유엔 등 국제기구는 한국이 국제사회에서 중견국 혹은 선진중견국으로서 활동하고 영향력을 발휘하는 데 있어서 매우 유용한 수단이며 통로이다. 즉, 한국이 국제사회와 소통하고 기여하거나 국제적 난제를 다루거나 국제사회와 협력해 나가는 데 있어서 유용한 수단과 제도를 제공해준다. 한국이 세계최빈국에서 경제선진국으로 발전한 역사적 경험과 성과는 한국이 유엔회원국들의 귀감이 될 뿐만 아니라, 국가적 자부심과 정통성을 갖게 하는 바탕이 된다. 즉, 국제기구는 한국이 개별국가로서 혹은 양자외교 등에서 갖지 못하는 위상과 권한 그리고 기회를 제공함으로써 국가이익의 제고에 기여하는 것이다.

이와 같은 유엔과의 특별한 인연, 한반도 안보 관련의 역할, 그리고 한국의 국제적 역할에 비추어 한국과 국제기구의 역사 및 정책 전개의 과거, 현재, 미래를 조명하고 전망하는 것이 본 간행서의 취지이다. 특히 한국의 국제기구외교를 정책, 이론과 실제의 측면에서 고찰함으로써 한국의 국제기구 정책의 수립 및 전개의 실체를 분석, 조명하고, 국제사회에서 한국과 국제기구의 역할을 분석하고 글로벌 거버넌스를 위하여 향후 바람직한 관계 및 방향을 파악하는 데 그 중점이 있다.

이를 위하여 본서는 4개의 세부 주제로 나누어 구성하고 있다. 그것은 제1장 한국과 유엔과의 관계(정우탁)를 역사적으로 조명하는 것, 제2장 한국의 국제기구외교정책의 결정체제와 요인(박흥순)을 분석·설명하는 것, 제3장 한국외교의 현황, 당면 과제와 미래(이신화)를 식별·제언하는 것, 그리고 제4장 국제사회와 외교현장의 시각에서 본 유엔의 현황과 미래, 그리고 한국의 국제기구외교(특별 워크숍 요약) 등이다.

구체적으로 보면, 제1장은 한국의 건국으로부터 현재에 이르기까지 한국의 대유엔외교를 역사적·시기적으로 간략히 조명하고, 한국이 가입하거나 관련된 주요기관 및 기구에서의 지위 및 역할을 정리·소개하고 있다. 제2장은 한국의 대유엔외교를 중심으로 국제기구외교 전반을 주로 외교정책결정의 체제, 과정과 요인의 이론을 적용하여 분석하고, 한국의 다자외교의 현황을 구조, 제도, 인력, 특징 및 과제로 나누어 분석하고 있다. 제3장은 한국의 대(對)국제기구외교의 발전과 성과를 특히 유엔 가입 이후 변화와 특징의 측면에서 요약하고, 향후 한국의 국제기구외교와 글로벌 거버넌스의 미래의 도전과제를 진단하고, 특히 동아시아 국가 간의 협력방안 등도 제안하고 있다. 그리고 제4장은 뉴욕 현지의 두 번의 국제기구 특별 워크숍에서 주유엔한국대사관 외교관, 유엔사무국 재직 한국출신 인사, 그리고 본 연구진이 함께 논의한 바, 주로 국제사회와 한국외교관의 시각에서 유엔과 글로벌 거버넌스의 관계 및 현황을 분석하고 향후 전망과 당면과제를 조명하고 있다. 또한 오준 주유엔한국대사의 특별기고("유엔의 장래: 세계 정부의 가능성")는 오랜 유엔 관련 외교업무의 경험과 식견을 바탕으로 큰 담론을 제시하고 있다.

저자들의 연구보고서가 『국제기구와 한국외교: 이론과 실제』라는 단행본으로 발간하게 된 것은 특별한 의미가 있다. 본서는 한국연구재단 지원의 3개년 연구과제인 국제기구 총서 연구의 마지막 편이며, 총 10권의 총서 시리즈 중 최종 제10권에 해당하는 만큼, 전체 총서의 결론적 성격을 갖고 있다. '국제기구 총서'가 그동안 한국의 학계에서 다소 미진했던 유엔 및 국제기구 연구의 기반을 구축하고 후속연구의 토대를 마련하는 취지인 만큼, 지난 3년간 수십 명의 학자 및 전문가들이 참여하여 이루어진 연구물과 그 결과로서 간행된 국제기구 총서는 새삼 그 의의가 크다고 할 수 있다. 이러한 연구수행의 결과로 유엔을 비롯한 국제기구 자체에 대한 관심이 증가할 뿐만 아니라, 나아가서 학자와 전문가들이 보다 체계적인 이해와 분석, 그리고 바람직한 방향과 대안을 제시하는 노력이 활성화되는 데 기여하였다. 본 단행본은 그러한 연장선상에서 한국의 대유엔외교, 국제기구외교 및 다자외교의 필요성과 중요성을 분석하고 그동안의 외교정책 수립과 전개에 대하여 평가한 후, 향후 글로벌 거버넌스 시대의 바람직한 외교의 전개에서 요구되는 과제와 방안을 제시하는 것에 중점을 둔 것이다.

이미 설명한 바와 같이, 한국이 지향하는 자유민주주의와 자유경제 및 복지국가, 국제사회에 기여하는 산업화·민주화의 모델국가, 그리고 국제평화와 안전에 이바지하는 존경받는 중견국가의 역할 등에서 유엔을 비롯한 국제기구는 매우 유용한 수단이며 채널임이 분명하다. 따라서 한국이 글로벌 거버넌스의 구축과 운용에서 적절한 역할을 수행하여 결국 국제사회에서 인정받을 수 있기 위해서는 국제기구외교에 대한 보다 체계적이고 심층적인 연구와 분석, 그리고 정책개발이 필요하다. 더구나 한국이 당면한 최대의 국가적·국민적 과제로서 한반도 평화와 남북통일의 추진과정에서 유엔 및 관련 국제기구의 현재적 그리고 잠재적 역할이 크다는 점에서 국제기구의 이해와 외교적 대안의 마련은 더욱 중요해진다. 이러한 의미에서 본 단행본이 유엔 및 국제기구의 학문적 연구와 교육, 그리고 정책 연구와 개발을 위한 관심과 노력에 보탬이 될 것을 기대한다.

본 단행본의 출간은 연구자를 포함한 여러 전문가들의 다양한 참여와 지원의 덕분으로 이루어졌다. 우선, 공동저자로서 본인을 비롯하여 정우탁 박

사, 그리고 이신화 교수가 주제별 연구에 참여하였다. 본 총서 연구의 주관
기관으로서 APCEIU는 2015년 2월 전체 및 중간 점검회의를 개최하여 세부
주제, 내용 및 방향을 조율하도록 하였다. 연구자들은 5월 한국정치학회의
하계학술회의에 참여하여 최종 연구발표의 기회를 가지고, 관련 학자 및 전
문가들의 토론을 통하여 제시된 제안들을 반영하여 최종 연구를 보완, 완성
하였다. 또한 제출된 연구보고서를 저자들이 수차례 상호 협의하여 구성내
용을 다소 조정하기도 하였다.

특히 이번 총서의 특징 중의 하나는 뉴욕 현지에서 개최했었던, 유엔본부
사무국 및 주유엔한국대사관의 외교관들이 참여한 특별 워크숍의 주요 내용
이 요약, 게재된 것(제4장)으로 이는 본서의 취지에 비추어 매우 유익하고
고무적인 사실이다. 연구자들은 본 총서연구의 목적과 본 단행본의 주제에
비추어, 연구 설계 단계에서 학자뿐만 아니라 실제 외교정책 결정 및 수행을
담당하는 현직 외교관 및 전문가의 입장을 반영하는 것이 필요하다는 것에
공감하였다. 즉, 현장의 상황과 목소리를 반영함으로써 보다 현실감 있고
내실 있는 연구가 되어야 한다는 점에 동의하였다. 연구자들은 오랜 기간
유엔업무 및 다자외교의 풍부한 경험과 경륜을 가진 오준 주유엔대사에게
협조를 요청하기로 하였다. 오 대사와의 협의 결과, 단순히 집필이나 면담이
아닌 현지 관련 전문가 그리고 유엔 및 주유엔한국대표부의 외교관들의 의
견도 수렴하기로 하였다.

이와 같은 협의의 결과 3월 초 본인을 비롯하여 정우탁 원장, 총서 연구
진 간사인 김도희 박사가 뉴욕을 방문하고, 주유엔대표부에서 워크숍 및 간
담회를 가졌다. 워크숍은 두 개의 부분으로 이루어져 있는 바, 제1부는 주로
국제기구와 글로벌 거버넌스를 주제로 국제적 권위자인 콜롬비아대학교
Columbia University 의 에드워드 럭Edward Luck 교수의 발제로 오준 대사 등 대
사관의 핵심 외교관들이 함께 참가하여 다양한 측면에서 토론을 하였다. 제
2부에서는 현장에서 본 유엔의 과제와 대유엔외교라는 주제에 중점을 두어

오 대사와 백지아 차석대사를 비롯하여 주로 유엔 근무 한국계 인사인 김원수 유엔사무총장 특보(현 군축담당 사무차장)와 정담 과장 등 6명이 참가하였다. 이와 같은 학자와 외교관들의 공동 워크숍은 이론과 실제의 접목 측면이나 관·학 협력의 측면에서, 그리고 한국의 중견국외교와 국제적 역할을 모색하는 데 있어서 국내 인적 풀pool의 활용을 통한 국가외교 역량의 극대화라는 점에서 모범적인 협력사례라고 할 수 있다. 또한 현직 외교관인 오준 대사가 특별 기고를 통하여 유엔의 미래에 대하여 흥미 있는 담론을 제시함으로써 연구자들의 학문적 및 이론적 논의를 촉진하도록 자극한 것도 의미 있는 기여로 여겨진다. 본 연구자들은 오준 대사와 김원수 특보를 비롯하여 여러 외교관 및 국제 관료들이 분주한 외교현장 업무에도 불구하고 적극적으로 참여, 성원함으로써 본서의 연구가 보다 충실하고 적실성 있는 연구가 될 수 있도록 도움을 준 것에 대하여 깊은 감사를 표한다.

본서의 발간이 있기까지 그 이전 총서 발간과 마찬가지로, 관련 기관 및 여러 인사들의 지원이 이루어짐으로써 가능하였다. 본인을 비롯하여 연구자들은 이러한 성원에 대하여 깊은 감사를 표하고자 한다. 우선, APCEIU(원장 정우탁)는 총서 연구의 주관기관으로서 연구수행과 워크숍, 발표회 등의 연구진행에 필요한 행정지원 서비스 업무를 성실히 수행함으로써 연구작업의 성공적인 완료에 기여하였다. APCEIU는 지난 3년간 국제기구 총서 연구의 기획, 진행, 단행본 발간과 이에 따른 모든 지원업무를 적극적으로 지원하였던 바, 김종훈 기획조정실장을 비롯한 관련 직원들의 지원과 참여에 대하여 감사를 표하는 바이다. 그리고 연구총서 간사로서 김도희 박사의 수고와 기여를 특별히 인정하고자 한다. 김 박사는 사실상 지난 3년간 연구수행 작업에 필요한 모든 행정업무와 연구수행의 점검, 연구보고서 취합, 정리 및 제출, 중간 및 최종발표회, 한국연구재단과의 업무 연락, 그리고 단행본 발간에 따른 출판사와의 연락 및 조치 등 모든 업무를 총괄하였다. 김 박사가 이 단행본의 발간이 완료될 때까지 국제기구 연구사업에 대한 열정을 가지고 인내와 성실함으로 기여해준 데 대하여 모든 연구자들과 함께 감사를 표한다. 그리고 김 박사와 함께 연구조교로서 2년 이상 실무 행정업무를 책임감 있게 수행하고 금년 초 새로운 전문직으로 전직한 이미지 조교의 노고에 대하여도 감사를 표한다. 또한 연구조교로서 6개월간 연구수행의 실무행정을 성실히 도와서 자료정리와 단행본 발간을 지원해준 정진희 조교와 박아영 조교의 수고에 대하여도 감사를 표한다. 끝으로 본서의 발간을 비롯하여 총 10권의 국제기구 총서의 성공적인 발간을 맡아준 도서출판 오름의 편집진에게도 감사를 표하는 바이다.

바라기로는 광복 70주년과 유엔 창설 70주년을 맞이한 시점을 계기로, 유엔과 대유엔외교에 대한 학문적 및 정책적 논의가 더욱 활발해지기를 기대한다. 나아가서 본 연구결과와 단행본이 앞으로 학계의 동료와 후학, 그리고 유엔과 국제기구에 관심을 가진 이들에 의해 연구와 교육의 장(場)에서 폭넓게 활용되기를 희망한다. 그러나 본인을 비롯한 연구자들의 노력에도 불구하고 본서의 내용은 여러 가지 점에서 미비하며, 많은 보완과 발전이 필요함을 인정한다. 이 저서의 내용과 발간에 따른 모든 책임은 연구자들에게 있다.

2015년 8월
공동저자 대표
박흥순

차례

제1장

한국과 국제기구:
역사적 고찰

정우탁

오늘날 한국은 국가의 건국과 발전과정에서 국제연합^{United Nations: UN}이라는 국제기구와 서로 불가분의 관계를 맺으며 성장해왔다. 아마도 유엔 회원국 중에서 가장 독특하고 긴밀한 관계를 맺고 있는 나라일 것이다. 이 글은 이와 같이 전 세계적으로 유래 없는 한국과 유엔 관계를 역사적으로 살펴보고, 나아가 유엔을 넘어선 여러 다양한 국제기구 전반에 걸친 한국의 다자외교 역사와 현황도 정리한 후, 그 특징과 의미를 평가해보고자 한다.

I. 한국과 국제기구 관계의 역사적 고찰[1]

한국은 태생적으로 국제기구 특히 유엔과 운명적 관계를 맺고 있다. 한국의 건국은 유엔을 통해 이루어졌고, 한국전쟁에도 유엔군이 참전하여 오늘날 한국의 존립을 가능하게 했으며, 유엔을 비롯한 다양한 국제기구의 원조와 지원으로 경제적·사회적 발전과 성숙이 가능하였다. 이 장에서는 한국

---

1) 한국과 국제기구 관계를 역사적으로 살펴본 문헌으로는 외교통상부에서 간행한 『한국외교 60년: 1948~2008』(서울: 외교통상부, 2009)과 유네스코 아태교육원 국제기구 총

과 국제기구의 역사적 관계를 크게 세 시기로 분류하여 살펴보고자 한다. 첫째 1945년부터 1960년대 중반까지 약 20년간 유엔이 압도적으로 한국의 탄생과 성장에 기여한 시기, 둘째, 1960년대 중반부터 1990년대 초반까지 약 25년간 유엔에서의 남북대결외교로 인한 유엔외교의 교착 상태와 그 출구로서 유엔 전문기구 및 직속기구, 그리고 지역기구로의 다자외교 확대 시기, 셋째, 1991년 유엔 가입 이후 최근까지 25년간 정상적인 유엔외교의 전개와 반기문 유엔 사무총장 당선을 통한 유엔에서의 영향력 확대, 그리고 공적개발원조Official Development Assistance: ODA 공여국으로서 한국이 유엔을 적극 지원하는 시기 등이 그것이다.

1. 유엔의 일방적 지원 시기(1945~1960년대 중반)

1945년부터 1960년대 중반까지 약 20년 동안 유엔은 미국과 함께 한국의 가장 중요한 핵심적 파트너였다. 유엔의 영향력과 기여는 첫째, 한국의 건국과 국가형성 과정에서의 지대한 역할, 둘째, 한국전쟁 당시 정치적·군사적·경제적 지원, 셋째, 전후 국가 재건 과정에서의 원조와 지원 등 세 시기로 나눌 수 있다.

서 2권인 『유엔과 세계평화』(서울: 도서출판 오름, 2013)에 실려 있는 이서항 교수의 글 "유엔과 한국, 그리고 세계평화"를 들 수 있다. 이 두 문헌은 공통적으로 한국 유엔외교의 시기를 ① 정부수립과 한국전쟁 시기 ② 휴전 이후 유엔 가입 이전 시기 ③ 유엔 가입 이후 시기로 나누고 있는데, 이 글에서는 ① 1945년부터 1960년대 중반까지 약 20년간 유엔이 압도적으로 한국의 탄생과 성장에 기여한 시기 ② 1960년대 중반부터 1990년대 초반까지 약 25년간 유엔에서의 남북대결외교와 유엔 전문기구 및 직속기구, 그리고 지역기구로의 다자외교 확대 시기 ③ 1991년 유엔 가입 이후 최근까지 25년간 정상적인 유엔외교와 공여국외교 시기로 나누고 있는 점이 차이점이다. 또한 유엔외교뿐만 아니라 지역기구외교, ODA외교, 문화외교 등 다자외교 전반을 포함하려고 노력했다.

1) 건국 과정에서 유엔의 압도적 역할과 정부 승인

1945년 8월 15일 해방을 맞은 한국은 동시에 남북으로 분단되었다. 남북으로 분단된 상황에서 건국은 통일, 분단 문제와 동시에 고려해야 하는 복잡한 변수가 되었다. 당시 전승국이었던 미국, 영국, 소련은 1945년 12월 27일 모스크바에서 개최한 외무장관회의에서 향후 5년간 한반도를 신탁통치한다는 안을 발표하였다. 4대국 신탁통치안에 공산주의자들은 찬성했으나, 우파 진영은 반대하면서 민족은 분열되었다. 모스크바협정에 의거, 서울에서 열린 미국·소련 군사령부 대표자회의와 1946년 3월 20일부터 8월 12일까지 열린 미국·소련 공동위원회가 파행으로 무산되면서 한반도 문제는 유엔으로 넘어가게 되었다.

1947년에 개최된 제2차 유엔총회는 11월 14일 한국에서의 통일정부 수립을 위한 민주적 선거와 선거 감시를 위한 유엔한국임시위원단United Nations Temporary Commission on Korea: UNTCOK 설치를 담은 유엔총회 결의 제112(II)를 채택하는데 이것이 한국과 유엔의 첫 만남이었다.

소련은 유엔한국임시위원단의 북한방문을 거부하였고, 이에 따라 1948년 5월 10일 남한 단독으로 총선거를 실시하여 제헌의회를 구성하고, 7월 17일 대한민국 헌법을 공포한 후, 이승만 초대 대통령을 선출하여 1948년 8월 15일 대한민국 정부를 수립하였다.

새롭게 출범한 신생 정부의 최우선 과제는 국제 사회로부터 승인을 받고, 유엔 회원국으로 가입하여, 정통성과 합법성을 확보하는 일이었다. 신생 한국 정부는 1948년 제3차 유엔총회에 장면 박사를 수석대표로 하는 대표단을 파견하여 첫 유엔외교를 펼쳤다. 이러한 한국의 유엔외교 결과로, 유엔은 1948년 12월 12일 유엔총회 결의안 제195호(III)를 통해 대한민국 정부가 정당한 의사 표시에 의한 선거를 통해 수립된 한반도 내 유일한 합법 정부로 승인하였다. 또한 유엔한국임시위원단을 대신할 유엔한국위원단United Nations Commission on Korea: UNCOK 설치를 결정하였다.2) 반면에 유엔 가입은

---

2) 외교통상부, 『한국외교 60년: 1948~2008』(서울: 외교통상부, 2009), pp.168-169.

소련의 거부권 행사로 좌절되었다. 1949년 1월 19일 한국은 유엔 가입 신청서를 유엔 사무총장에게 제출하였으나, 안보리에서 소련의 거부권 행사로 부결되었다. 이후 수차례 한국 가입안을 제출했으나 번번이 소련의 거부권으로 가입이 좌절되었다.

비록 한국이 유엔에 가입하지는 못했지만, 유엔은 대한민국의 건국 과정에 지대한 영향력을 행사하였고, 대한민국 국가 정통성의 보루 역할을 하였다.

2) 한국전쟁과 유엔의 역할

유엔은 한국전쟁 시기에도 대한민국을 압도적으로 지원하였다. 1950년 6월 25일 한국전쟁이 발발하자 그 다음날인 6월 26일 신속히 유엔 안전보장이사회가 소집되어 북한을 침략자로 규정하고, 적대행위를 중지토록 하는 결의안(S/1501)을 채택하였다. 연이어 6월 27일 대한민국에 원조를 제공하는 안전보장이사회 결의안(S/1511)을 채택하였으며, 7월 7일 자로 유엔 연합군을 창설하는 안전보장이사회 결의안(S/1588)을 채택하여 16개국으로 구성된 유엔 연합군을 한국에 파견하였다. 이와 같이 유엔은 한국전쟁 발발 즉시 신속하고 즉각적으로 개입하여 한국을 일방적으로 지원하였고, 한국의 국가 존립에 지대한 영향을 끼쳤다.[3]

그동안 안전보장이사회에 불참하던 소련이 8월 1일 자로 복귀하면서, 소련의 거부권 행사로 안보리는 한국에 대한 어떠한 조치도 할 수 없게 되었다. 이에 유엔총회는 소련의 안보리 거부권에 대응하기 위한 방안으로 미국이 제출한 평화를 위한 단결 결의안Uniting for Peace Resolution을 1950년 11월 3일에 유엔총회 결의 제377(V)호로 채택하였다. 이 결의안은 안보리가 국제평화와 안전에 필요한 조치를 취하지 못할 때 유엔총회가 대신 필요한 조치를 결의할 수 있도록 하였다. 한편 10월 7일에는 유엔총회 결의 제376(V)호로 한반도의 통일, 민주정부 수립과 재건, 구호 등을 목표로 하는 유엔 한국통일부흥위원단UNCURK[4] 설치를 가결하여 UNCOK을 대체하였으

---

3) 외교통상부(2009), pp.170-172.

평화를 위한 단합 결의

••

1950년 한국전쟁 발발 시 중국의 대표권 문제로 소련이 안전보장이사회에 불참하고 있었기 때문에 안전보장이사회에서 미국이 주도하는 결의를 통과시킬 수 있었다. 그러나 1950년 8월 1일에 소련이 안전보장이사회에 복귀하자 소련의 거부권으로 어떠한 조치도 어렵게 되었다. 이에 미국 주도로 "국제평화의 파괴나 침략행위가 일어났으나, 안전보장이사회가 거부권 때문에 적절한 조치를 취할 수 없을 때, 총회는 필요하다면 무력사용까지를 포함한 집단적인 조치를 취할 것을 회원국들에 적절히 권고할 수 있다."는 유엔총회 결의 제377호 '평화를 위한 단합 결의안(Uniting for Peace Resolution)'을 1950년 11월 3일 통과시켰다.

며, 1950년 12월 1일 유엔총회 결의 제410(V)호로 한국 부흥 계획을 담당할 유엔한국재건단UNKRA도 설치하였다.5)

1950년 11월 6일 중공군이 한국전쟁에 개입하자 유엔총회는 중화인민공화국이 침략에 가담하고 있다고 규정하고 유엔군에 대한 적대행위 중지와 철수를 촉구하는 총회 결의 제498(V)호를 채택하였다.

1951년 11월 6일 자로 임병직 외무장관을 초대 주유엔 상임 옵서버로 임명하고 뉴욕에 상주하는 주유엔 옵서버 대표부를 설치하였다.

---

4) 유엔 한국통일부흥위원단(United Nations Commission for the Unification and Re-habilitation of Korea: UNCURK)은 1973년 12월 제28차 유엔총회에서 만장일치 결의로 해체될 때까지 한국에 많은 지원을 하였다.

5) 유엔 한국 재건단(United Nations Korean Reconstruction Agency: UNKRA)은 1950년 12월 1일 유엔총회에서 대한민국의 재건을 위해 설립된 유엔기구로서 원조자금을 관리하였고, 1953년에는 수리조합연합회, UNKRA, UN군사정부 간에 식량증산 및 수리시설 복구를 위한 원조협정을 체결하고 수리조합 기자재를 지원하였으며, 1958년 6월 한국정부와의 협의 아래 활동을 종료하고 해체되었다.

3) 한국 문제 유엔 연례 상정

1953년 7월 27일 판문점에서 정전협정이 체결되고, 1954년 4월부터 제네바에서 개최된 한반도 문제의 평화적 해결을 위한 정치회담이 결렬되자 한국 문제는 다시 유엔으로 돌아오게 되었다.

1953년 유엔총회부터 매년 UNCURK 연차 보고를 총회 의제에 포함시켜 한국 대표를 단독 초청한 가운데 유엔 감시하에 인구 비례에 의한 남북 총선거를 골자로 하는 한국 통일 결의안을 압도적 다수결로 채택하여 왔다. 이 시기에 한국은 유엔을 통해 한반도 내 유일 합법 정부로서 국제사회의 지지와 인정을 일방적으로 확보했다.

그러나 아시아 아프리카의 신생 독립국이 대거 유엔에 가입한 1960년대부터 상황이 바뀌었다. 1961년부터 1967년까지는 북한이 한국 문제를 다루는 유엔의 권위와 권능을 수락하는 조건으로 남북한 대표를 동시 초청하는 소위 스티븐슨 방식이 사용되었는데,[6] 이를 수락하지 않는 북한의 거부로 종전과 같이 한국만 참석하여 서방측 결의안을 압도적 다수로 통과시켰다.

2. 유엔외교의 교착과 다양한 국제기구외교 전개 시기 (1960년대 중반~1990년대 초반)

1960년대 중반부터 1990년대 초반까지 약 25년간 유엔에서의 남북대결 외교로 인한 유엔외교의 교착 상태와 그 출구로서 유엔 전문기구 및 산하기구, 그리고 지역기구로의 다자외교가 널리 확산되었다.

1) 남북한 유엔 대결외교

1960년대 들어 대거 늘어난 신생 독립국들은 대체로 비동맹 혹은 반서방

---

6) 이서항, "유엔과 한국, 그리고 세계평화," 박흥순·조한승·정우탁 엮음, 『유엔과 세계 평화』 유네스코 아태교육원 국제기구 총서 2권(서울: 도서출판 오름, 2013), pp.326-327.

정책을 채택하였다. 이 여파로 유엔에서의 한반도 문제는 일방적 지지에서 남북한대결 구도로 바뀌었다.

1968년부터 유엔 내 비동맹, 반서방 국가들이 다수가 되면서 한국 문제의 연례 상정을 중단하는 방안이 강구되어, UNCURK가 유엔 사무총장에게 보고서를 제출하는 총회 결의 2466호가 채택되었다. 그러나 친북한 국가들이 북한 입장을 지지하는 결의안을 추진하여 한국도 대응 안건을 제출하지 않을 수 없어 종전과 같은 토의와 표 대결이 불가피하였다.

1971년 중화인민공화국이 중화민국 대신 유엔 대표권을 확보하게 되고, 유엔 내 비동맹 회원국의 비율이 40%를 넘게 되자, 한국 문제 토의를 운영위 의제 채택 과정에서 연기시키는 전략으로 바꾸었다. 그 결과 1971년 9월 23일 제26차 유엔총회는 한국이 제출한 한국 문제 토의 안건 일괄 연기안을 압도적 다수로 가결시켰다. 1972년 제27차 유엔총회에서도 한국 문제 토의 연기안이 운영위원회와 총회 본회의에서 압도적 다수로 통과되었다.

이 시기에는 '대한민국의 국가 정통성과 유일 합법성 인정'과 '두 개의 한국 불용인'이라는 할슈타인 원칙^{Hallstein Doctrine}을 고수하여 북한과 수교하는 국가와 외교관계를 단절하는 외교정책을 추진하였다.

그러나 1973년에 북한의 국제기구 참여와 통일 시까지 잠정 조치로 남북한의 동시 가입에 반대하지 않겠다는 박정희 대통령의 '6·23 평화통일 외교정책' 선언은 소모적·대결적 유엔외교에 새로운 전기를 가져오는 계기가 되

할슈타인 원칙

할슈타인 원칙(Hallstein Doctrine)이란 서독의 발터 할슈타인이 1955년에 내세운 외교원칙으로, 서독만이 독일의 유일한 합법정부이며, 동독을 승인하거나 동독과 수교하는 국가(소련 제외)와는 관계를 설정하지 않겠다는 정책이다. 1970년대에 빌리 브란트가 동방정책을 추진함에 따라 사실상 이 원칙은 무력화되었다.

었다. 당장 제28차 유엔총회에서 막후교섭을 통해 남북대화를 통한 평화통일 촉구와 UNCURK 해체를 내용으로 하는 타협안이 양측의 합의로 채택되었다.

1975년 8월 페루 리마에서 개최된 비동맹외무장관회의에서 북한이 비동맹그룹 회원국으로 가입하였다. 이어서 1975년 9월에 개최된 제30차 유엔총회에서는 한국 측 결의안과 북한 측 결의안이 동시에 제출되고 상반된 두 결의안이 동시에 통과되어 한국 문제에 대한 유엔의 해결 능력이 한계에 도달했음을 노정하였다.

1976년 제31차 총회에는 북한 측이 결의안을 제출하려다가 총회 개막 직전에 철회했으며, 1977년부터 북한 측이 유엔총회에 결의안을 제출하지 않음으로써 유엔에서의 소모적 남북대결외교는 종식되었다.

이 시기 세계는 데탕트 시대를 맞아 새로운 외교를 전개하고 있음에도 불구하고 한반도외교는 여전히 냉전적 대결외교에서 벗어나지 못하고 있었다.

2) 아시아 지역외교

1960년대에는 아시아에서도 지역기구들이 설립되기 시작하였다. 1966년에 아시아개발은행ADB이 설립되고, 1967년에 인도네시아, 말레이시아, 필리핀, 싱가포르, 태국 등 5개국이 동남아국가연합ASEAN을 창설하였다.7)

한국은 아시아개발은행에 창설 시부터 참여하여, 당시 경제발전에 필요한 차관 도입을 위해 아시아개발은행을 적극 활용하여 왔다. 아세안과도 긴밀한 유대를 맺고 동남아 국가들과의 우호적 외교관계에 적극 활용해왔다.

특기할 만한 것은, 이 시기 한국은 역사상 처음으로 국제기구를 창설하는 경험을 했다는 점이다. 1966년에 한국은 박정희 대통령과 이동원 외무부장관 주도로 아시아태평양 각료이사회Asian and Pacific Council: ASPAC라는 지역기구를 창설하였다. 창립 회원국은 오스트레일리아, 뉴질랜드, 일본, 중화민

---

7) 『중앙일보』, "아스팍 창설 뒷얘기," [남기고 싶은 이야기들] 제92화 오프 더 레코드(47) 1999년 10월 27일(검색일: 2015.8.17).

국, 필리핀, 태국, 말레이시아, 베트남, 한국 등 9개국이며, 인도네시아, 라오스가 옵서버로 참가하였다.

1966년 6월 14일부터 16일까지 서울에서 창립총회(제1차 각료회의)가 열린 이래 1967년 방콕에서의 제2차 각료회의, 1968년 오스트레일리아 캔버라에서의 제3차 각료회의, 1969년 일본 도쿄에서의 제4차 각료회의, 1970년 뉴질랜드 웰링턴에서의 제5차 각료회의, 1971년 필리핀 마닐라에서의 제6차 각료회의에 이어, 1972년 8월 두 번째로 서울에서 제7차 각료회의를 개최하였다.

70년대 들어 미국과 중화인민공화국 간 국교 정상화, 중화인민공화국의 유엔 가입, 아스팍 회원국과 중화인민공화국 간 수교 등 국제정세의 변화로 인해 반공 지역기구의 존재 필요성이 약화되면서, 제7차 각료회의 이후 아시아·태평양 국가들 간 경제·사회·문화·기술 분야의 순수한 지역협력기구로 변화하고자, 사회문화센터·경제협력센터 등 부속기관을 설치하여 변모를 시도했으나, 설립 목적이 시대적 흐름에 맞지 않아 1973년부터 총회가 소집되지 않아 실질적으로 해체되었다.

아스팍은 한국이 주도한 최초의 국제기구 설립 사례로 그 의의가 있다. 그러나 보편적 이념이 아닌 '반공'을 설립 이념으로 설정함으로써 국제정세의 변화에 따라 단명하였다.

3) 유엔 전문기구 및 산하기구 중심의 다자외교(1970년대~1980년대)

한국은 소련의 거부권으로 유엔에 가입이 좌절된 이후 다양한 유엔 전문기구에 가입하여 활동해왔다.[8]

1949년 세계보건기구, 유엔식량농업기구, 만국우편연합 가입을 필두로 1950년 유엔교육과학문화기구, 1955년 국제통화기금과 국제부흥개발은행에 가입하는 등 50년대와 60년대에 걸쳐 이미 웬만한 유엔 전문기구에 가입하였다.

---

8) 자세한 내용은 이 책 제3장의 〈표 2〉와 〈표 3〉 참조.

1950~60년대에는 한국이 이들 유엔 전문기구로부터 경제적·기술적 지원을 일방적으로 받았다. 때문에 가입은 되어 있었지만 국제기구의 정책과 운영에 관한 외교적 지식과 경험은 쌓을 기회는 없었고, 지원과 원조를 끌어내는 데 노력하였다. 그러나 1970~80년대에 걸쳐 높아지는 경제적 위상을 토대로 서서히 유엔 전문기구 활동 경험과 지식을 축적하고, 전문성을 쌓아가기 시작했다. 이때부터 한국인들이 유엔을 비롯한 국제기구에 진출하기 시작했으며, 유엔을 비롯한 국제기구회의에 한국인들의 참여 빈도가 높아졌다. 이러한 초보적 훈련과 경험이 향후 본격적인 국제기구외교 시대를 여는 토대가 된다.

3. 유엔 가입과 본격적인 다자외교의 전개(1990년대~현재)

한국의 유엔 가입은 노태우 대통령의 북방외교 성과에 힘입은 바 크다. 1988년 서울에서 개최된 서울올림픽에 북방외교 덕분에 소련, 중국 등 공산주의 국가들이 대거 참여하여 서울 올림픽이 성공적으로 마무리되었다. 이어 1989년 2월 헝가리를 시작으로 동구 공산권 국가들과 정식으로 외교관계를 수립하게 되었고, 1990년 9월 30일 소련과 정식 외교관계를 수립하고, 또한 중국과도 1990년 10월 20일 무역대표부 설치에 합의하였다. 이와 같이 소련, 헝가리, 중국 등과 외교관계를 수립하면서 한국의 유엔 가입은 가능해졌다. 1991년 초부터 한국은 유엔 가입을 목표로 본격적인 외교활동을 전개하였고, 중국의 권고를 받은 북한도 유엔 가입 신청서를 제출하여, 1991년 9월 17일 제46차 유엔총회 개막일에 남북한이 유엔에 동시 가입하였다.

1) 유엔 가입과 유엔외교의 전개
한국의 국제기구외교는 1991년 9월 17일 유엔에 가입하면서 본격화되었다. 건국 이후 한국외교의 최대 현안이었던 유엔 가입은 우리의 대유엔외교는 물론이고 다자외교 전반에 획기적 전환을 가져왔다.

특히 냉전체제 붕괴 이후 유엔의 권능이 그 어느 때보다도 부각되고 있던 시기에 가입하였다는 점에서 한국외교의 질적 도약을 위한 최상의 환경이 마련되었다. 1990년대는 탈냉전 시기로 빈곤·군축·환경·인권·개발·여성·교육·문화 등 경제, 사회 문제가 핵심 이슈로 부상하면서 유엔 및 각종 국제기구들의 역할과 기능이 그 어느 때보다도 강화되었다.

(1) 유엔체제 주요 이사국 및 의장단 진출

한국은 그동안 기회가 주어지지 않았던 유엔외교의 장이 열리자 괄목할만한 활동을 펼친다. 유엔 가입 2년만인 1993년 유엔 경제사회이사회ECOSOC 이사국으로 선출되어 1995년까지 활동하였고, 이후에도 1997~1999년, 2001~2003년, 2007~2009년, 2014~16년 등 총 5차례에 걸쳐 유엔 경제사회이사회 ECOSOC 이사국으로 선출되어 활동하고 있다. 2008년에는 경제사회이사회 부의장으로도 선출되었다.

한편 유엔의 가장 중요한 이사회인 안전보장이사회에도 1996~1997년, 2013~2014년 등 두 차례에 걸쳐 비상임이사국으로 선출되었다. 1995년 11월 8일 실시된 안전보장이사회 비상임이사국선거에서 한국은 1996~97년도 임기의 비상임이사국으로 선출되어, 2년간 안전보장이사회 이사국으로서 국제분쟁 해결에 적극 참여하였다.[9] 또한 2012년 10월 19일에 실시된 2013~14년도 임기 안전보장이사회 비상임이사국선거에서 이사국으로 당선되었다. 두 번째로 안전보장이사회 비상임이사국 활동을 하게 된 한국은 2013~14년 안전보장이사회 이사국으로서 세계평화를 위해 적극적인 유엔외교를 전개하였다.

유엔뿐만이 아니라 유엔 전문기구, 산하기구의 이사국으로도 진출하였다.

---

[9] 1997년 5월에는 안전보장이사회 의장국으로서 난민 문제에 관해 공개토의를 주도하고 의장성명을 채택함으로써 난민 문제에 대한 국제적 관심을 끌어내었다. 외교통상부 (2009), pp.184-185.

1997년에는 유엔개발계획^{UNDP}, 국제해사기구^{IMO}, 식량농업기구^{FAO} 등 유엔기구의 이사국으로 선출되었고, 국제해사기구에서는 총회 의장으로 선출되었으며, 2000년에는 유엔난민기구^{UNHCR}의 이사국으로 선출되었고, 2006년에는 유엔 인권이사회 이사국으로 피선되었다.

〈표 1〉의 최근의 주요 국제기구 이사국 진출 현황을 보면, 유네스코, 국제노동기구, 유엔아동기금, 세계식량계획 등 주요한 유엔 산하, 전문기구에서 이사국 역할을 하고 있다. 이사국은 해당 기구의 사업 계획과 예산을 심사하고, 활동을 보고받으며, 주요 정책을 결정하는 등 국제기구외교의 핵심 사항을 다루기 때문에 한국의 대 국제기구외교를 한 단계 업그레이드하는 데 필수적이다.

(2) 유엔기구의 한국인 고위직 진출

이사국 진출뿐만 아니라 한국인의 유엔 고위직 진출도 본격화되었다. 그 효시는 김학수 박사가 2000년부터 2007년까지 유엔 아태경제이사회^{ESCAP}의 사무총장으로 임명된 것이다. 유엔 사무차장급에 한국인이 처음 진출한 것이다.

이어 2001년 9월부터 2002년 9월까지 유엔총회 의장에 한승수 외교부장관이 수임되었다. 이때 유엔총회 비서실장이 반기문 현 유엔 사무총장이었다. 이런 경험이 훗날 유엔 사무총장 진출에 도움이 되었을 것이다.

2003년부터 2006년까지 세계보건기구^{WHO} 사무총장에 이종욱 박사가 선출되어 활동하였다. 이종욱 박사는 한국인 최초로 유엔 전문기구의 선출직 사무총장에 선거로 선출되었다.

2009년부터 2015년까지 송상현 교수가 국제형사재판소^{ICC} 소장으로 선출되어 근무했으며, 2014년부터 2023년까지 국제해양법재판소^{ITLOS} 재판관으로 백진현 재판관이 선출되어 근무 중이다.

2014년 8월 현재 국제기구에 근무하는 한국인은 45개 기구에 약 530명 정도이며, 특히 유엔 가입 이후 한국인의 유엔 사무국 진출을 적극 추진하여 총 120명이 유엔 사무국에서 근무 중이다.

| 〈표 1〉 | 한국의 주요 국제기구 이사국/위원국/의장단 진출 현황 |

(2014년 8월 현재)

진출 국제기구	수임임기(연도)
유엔 안전보장이사회 이사국	2013~14
유엔 경제사회이사회(ECOSOC) 이사국	2014~16
유엔 경제사회이사회(ECOSOC) 부의장(오준 주유엔대사)	2014~15.6월
유엔아동기금(UNICEF) 집행이사국	2012~17
세계식량계획(WFP) 집행이사국	2015~17
사업조정위원회(CPC) 위원국	2014~16
유엔 인권이사회 이사국	2013~15
유엔난민기구	2000~14
유엔난민기구(UNHCR) 집행이사회 의장(최석영 주제네바 대사)	2013~14
유엔개발계획(UNDP) 집행이사국	2012~14
유엔인구기금(UNFPA) 집행이사국	2012~14
유엔공업개발기구(UNIDO) 공업개발이사회 이사국	2012~15
UN Women 집행이사국	2014~16
UNESCO 집행이사국	2011~15
UNESCO 무형문화유산보호 정부간위원회 위원국	2014~18
유엔 여성지위위원회(CSW) 위원국	2010~14
유엔 사회개발위원회(CSOCD) 위원국	2012~16
국제노동기구(ILO) 집행이사국	2014~17
국제민간항공기구(ICAO) 이사국	2013~16
국제해사기구(IMO) 이사국	2014~15
국제전기통신연합(ITU) 이사국	2010~14
화학무기금지기구(OPCW) 집행이사국	2013~15
아태자금세탁방지기구(APG) 운영이사회 이사국	2013~14
유엔 분담금위원회 위원(유대종 주유엔 공사)	2012~14
국제해양법재판소(ITLOS)재판관(백진현 재판관)	2014~23
유엔국제상거래법위원회 본회의 의장(한충희 주유엔 차석대사)	2014~15

출처: 외교부, 『2014 유엔개황』(2014), p.234

〈표 2〉	주요 유엔회의 의장단 참여

- 1992.6 　　　　유엔 환경개발회의(UNCED) 부의장국
- 1992.10 　　　유엔총회 제1위원회(정치, 군축, 안보) 부의장국
- 1993 　　　　 제48차 유엔총회 부의장국
- 1997.10 　　　제52차 유엔총회 제2위원회(경제·재정) 보고관
- 1998.10 　　　제53차 유엔총회 제4위원회(특별정치, 탈식민) 부의장
- 1999.4 　　　　지속개발위원회 부의장
- 2001~02 　　　제56차 유엔총회 의장
- 2003~04 　　　제48~49차 여성지위위원회 의장
- 2003.6~04.6 　국제노동기구 집행이사회 의장
- 2003.5~04.5 　핵공급국그룹(NSG) 의장
- 2004.6 　　　 제14차 유엔해양법회의 부의장
- 2004.3~05.3 　세계무역기구 금융서비스위원회 의장
- 2004년도 하반기 비엔나 국제기구 아주그룹회의 의장
- 2004.10~05.9 MTCR 의장
- 2005.9 　　　 60차 총회 제1위원회 의장
- 2005.10~08.10 IMO 법률위원회 의장
- 2006 　　　　 UNDC 의장
- 2007~2009 　 ISO 소비자정책위원회(COPOLCO) 의장
- 2008.1~09.1 　ECOSOC 부의장
- 2008.3~10.2 　인권이사회자문위원회 부의장(2년 임기)
- 2008.4 　　　 UN ESCAP 제64차 총회 의장
- 2009.3 　　　 국제형사재판소(ICC) 소장 선출
- 2009.6 　　　 제64차 유엔총회 2위원회 의장
- 2009.10 　　　국제해사기구(IMO) 법률위 의장
- 2009.12 　　　화학무기금지기구(OPCW) 제14차 당사국총회 부의장
- 2012.6 　　　 UNESCO 문화재환수촉진 정부간위원회 의장
- 2012.1 　　　 유엔난민기구(UNHCR) 집행이사회 부의장(1년 임기)
- 2014.1~15.7 　ECOSOC 부의장

출처: 외교부(2014), pp.235-236

(3) 유엔 평화유지활동(PKO)

2014년 5월 말 현재 세계 각처에서 활동 중인 유엔 평화유지활동은 모두 16개로서 122개국에서 약 98,755여 명이 참여 중이다. 1991년 유엔 회원국으로 가입한 우리나라는 1993년 7월 소말리아 평화유지단^{UNOSOM II}에 공병부대를 최초 파견한 이래 지금까지 소말리아, 서부사하라, 앙골라, 동티모르, 사이프러스, 부룬디, 인도-파키스탄 캐시미르, 조지아, 라이베리아, 아프가니스탄, 수단, 네팔, 레바논, 아이티, 남수단 등 16개국에 12,500여 명을 파견하는 등 유엔 평화유지활동에 적극 참여해 왔다.

2015년 3월 현재 우리나라는 〈표 3〉에서 보는 것처럼 레바논 동명부대를

| 〈표 3〉 | 한국의 유엔평화유지군(PKO) 활동 현황 | | |

(2015년 3월 현재)

국가(유엔임무단)		부대 성격 및 규모	임무	최초 파견
레바논 (UNIFIL)	동명부대	보병부대(316명)	평화정착 및 재건지원	07.7월
	사령부 등	장교 4명		07.1월
남수단 (UNMISS)	한빛부대	공병부대(290명)	재건지원 및 정전감시	13.1월
	사령부 등	장교 7명		11.7월
인도·파키스탄(UNMOGIP)		장교 7명	카시미르 지역 정전감시	94.11월
라이베리아(UNMIL)		장교 2명	정전감시	03.10월
		경찰 3명		14.4월
수단 다푸르(UNAMID)		장교 2명	평화협정 이행 지원	09.6월
코트디부아르(UNOCI)		장교 2명	정전감시	09.7월
서부사하라(MINURSO)		장교 4명	평화협정 이행 지원	09.7월
총계		군병력 634명		
		경찰 3명		

출처: 한국 외교부 이슈별 자료실, "2015년 3월 기준 한국의 PKO 활동 현황," http://www.mofa. go.kr/trade/un/data/pko/index.jsp?menu=m_30_6-_20&tabmenu=t_2

포함, 전 세계 7개 임무단에 총 637명을 파견, PKO 활동에 참여하고 있는 122개 유엔 회원국 중 36위 수준을 유지하고 있다.

한국인 중 유엔 평화유지활동 고위직은 1995년 민병석 크로아티아 평화유지단 단장의 첫 진출 이후 2014년 6월 임기를 완료한 최영범(소장) 인도·파키스탄 정전감시단장까지 7명에 이르며, 이는 우리의 국제사회에 대한 기여를 인정받은 결과로 평가된다.

(4) 유엔 사무총장 당선과 유엔외교

2006년 10월 13일 유엔총회는 당시 반기문 외교부장관을 제8대 유엔사무총장으로 추천한 안보리 결의(1715호)에 따라 반기문 장관을 유엔사무총장으로 임명(A/RES/61/3)하였다. 이로써 반기문 총장은 아시아인으로서는 제3대 우 탄트 사무총장 이래 두 번째로 유엔사무총장에 선출되었다.

2011년 6월 21일 유엔총회에서 사무총장 재선결의(A/RES/65/282)를 만장일치로 채택함에 따라 연임이 결정되어 2012년부터 2016년까지 두 번째 임기를 맡게 되었다.

한국은 1991년 유엔에 가입한 지 20년 남짓한 기간 동안 두 차례의 안보리 비상임이사국(1996~97년 임기, 2013~14년 임기), 제56차 유엔총회의장 수임, 2006년 유엔사무총장 배출, 2011년 사무총장 재선 등으로 유엔외교 분야에서의 괄목할만한 성과를 거두었다.

그러나 한국의 유엔외교, 국제기구외교는 소수의 '스타 플레이어'에 의해 화려하게 평가되는 반면, 그 이면에는 아직도 역량 있는 다자외교 전문가를 체계적으로 길러내지 못하는 빈약한 시스템과 두텁지 못한 저변을 드러내고 있다.

따라서 향후 범세계적 의제를 설정하고 주도해 나가는 역량을 더 키우고, 각 국제기구에서 고르게 역량을 펼쳐가는 다자외교 전문가를 다수 길러내어야 한다.

2) 성숙한 다자외교의 전개

1996년 한국은 선진국 모임인 OECD에 가입하였다. 2008년에는 G8, 2009년에는 G20에 초대되었다. 〈표 4〉에서 보는 바와 같이, 2014년 현재 우리나라의 유엔 정규분담률은 1.994%로써 193개 회원국 중 13위이며, PKO분담률도 1.994%로 전체 12위 수준이다. 다른 유엔 전문기구에서도 동일한 정규분담률을 적용받고 있다. 또한 유엔에서 한국은 선진국들이 모이는 제네바그룹에 속하며, 객관적으로 선진국으로 인정받고 있다. 이러한 국제적 위상임에도 불구하고 아직도 한국은 유엔 및 국제기구에서 그 위상에 걸맞은 역할을 하지 못하고 있다.

| 〈표 4〉 | 한국의 유엔 정규분담금 및 평화유지군 분담금 현황(1992~2014) |

(단위: 만 불, 억 불, %)

연도	1992	1993	1994	1995	1996	1997	1998	1999
정규 분담금	636/9 (0.69)	814/12 (0.69)	701/10 (0.69)	874/11 (0.8)	901/11 (0.817)	873/11 (0.82)	1,004/11 (0.955)	1,032/10 (0.994)
PKO 분담금	109/8 (0.138)	407/29 (0.138)	400/29 (0.138)	526/32 (0.16)	237/14 (0.164)	263/16 (0.164)	228/12 (0.191)	239/12 (0.191)
연도	2000	2001	2002	2003	2004	2005	2006	2007
정규 분담금	1,063/11 (1.006)	1,363/10 (1.318)	2,158/12 (1.866)	2,499/14 (1.851)	2,572/15 (1.796)	3,195/16 (1.796)	3,412/19 (1.796)	4,418/22 (2.173)
PKO 분담금	518/25 (0.201)	1,449/30 (0.621)	2,522/26 (0.97)	2,893/23 (1.258)	4,401/44 (1.509)	4,322/47 (1.796)	7,184/50 (1.437)	20,500/50 (1.956)
연도	2008	2009	2010	2011	2012	2013	2014	
정규 분담금	3,974/21 (2.173)	5,300/25 (2.173)	4,800/24 (2.26)	5,300/26 (2.26)	5,300/26 (2.26)	5,100/27 (1.994)	5,400/28 (1.994)	
PKO 분담금	10,872/6 7(2.173)	15,600/72 (2.173)	17,600/78 (2.26)	17,700/78 (2.26)	-(2.26)	15,000/73 (1.994)	15,000/78 (1.994)	

* 우리나라 분담금(만 불) / 유엔 총예산(억 불) (분담률 %)순으로 기입
출처: 외교부(UN사무국 자료) e-나라지표, http://www.index.go.kr/portal/main/EachDtlPage
Detail.do?idx_cd=1686

(1) 개발원조외교

한국은 1950년대부터 70년대까지 원조를 받던 수원국이었다. 1945년 해방 이후 1999년까지 국제사회로부터 약 127억 7,699만 달러의 원조를 받았으며, 59년까지는 무상원조가 대부분이었다가 1960년대에 들어서면서 무상원조는 차관으로 바뀌어 갔다.

1980년대부터 1990년대 중반까지는 원조를 받으면서 다른 한편으로는 꾸준히 원조를 제공하는 전환기였다.

정부는 체계적인 원조 시행을 위해 1987년 유상원조를 담당하는 대외경제협력기금EDCF과 1991년 무상원조를 담당하는 한국국제협력단KOICA을 설립하였다. 이후 한국은 원조를 제공하는 공여국으로 탈바꿈하게 된다.

1995년 세계은행 차관 대상에서 제외되었고, 1996년 선진국 클럽이라고 불리는 OECD에 가입하였으며, 2000년 경제협력개발기구OECD 개발원조위원회Development Assistance Committee: DAC 수원국 명단에서 빠져 공식적으로 수원국의 지위를 벗어났다. 유엔의 대표적 개발기구인 유엔개발계획UNDP에서도 2000년부터 한국을 순기여국가로 분류하고 있다. 2010년 1월 경제협력개발기구 개발원조위원회에 가입하여 명실상부한 개발원조 제공 국가가 되었다.

한국의 공적개발원조Official Develoment Assistance: ODA는 〈그림 1〉에서 보는 것처럼 계속 증가하여 2014년 18억 5,000만(2조 187억 원) 달러로, 선진 공여국 간 협력체인 OECD DAC 28개 회원국 중 16위 수준을 유지한 것으로 나타났다. 〈표 5〉에서 보는 것처럼 2014년 양자간 ODA는 13억 9,100만 달러, 다자간 ODA는 4억 5,900만 달러이며, 양자간 ODA 중 무상원조는 62.7%, 유상원조는 36.8%였다. 한편 국민총소득GNI 대비 ODA 비율은 2013, 2014년 모두 0.13%로 정부가 기존에 정한 목표치에는 미달했고, 이는 OECD/DAC이 권고하는 원조 목표치인 0.7%에도 현저히 못 미치는 수준이다. 정부는 지난 2010년 수립한 1차 ODA 기본계획에서 2015년까지 GNI 대비 ODA 비율을 0.25%까지 높인다는 계획을 세웠지만, 최근 4년간 실제 ODA 비율은 목표치(2011년 0.13%, 2012년 0.15%, 2013년 0.18%, 2014년 0.21%)에

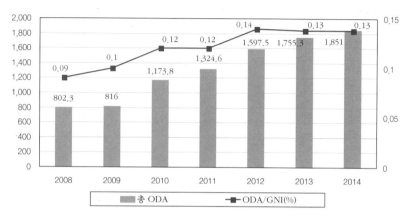

〈그림 1〉 2008~2014년간 GNI 대비 전체 ODA 규모(순지출 기준)

(단위: USD 백만)

출처: ODA KOREA, http://www.odakorea.go.kr/ODAPage_2012/T02/L03_S01_01.jsp

미치지 못했다.[10]

　한국은 2011년 11월 OECD/DAC 원조효과성 제고를 위한 제4차 고위급 회의High Level Forum on Aid Effectiveness(HLF-4)인 부산 세계개발원조총회를 개최하였다. 이는 한국이 국제개발원조 분야에서 중요한 행위자로 부상하였다는 것을 의미한다.

　그러나 한국의 공적개발원조는 다자외교의 관점에서 볼 때, 〈표 5〉에서 보는 것처럼, 양자 협력 ODA에 비해 다자 협력 ODA가 너무 적다. 다자 원조도 대부분 다자개발은행에 대한 출연과 출자가 약 70%, 유엔기구에 대한 기여금이 24%로 다른 DAC 회원국에 비해 다자 협력이 다자개발은행에 집중되어 있고, 진정한 다자개발협력 ODA는 매우 적다. 향후 한국은 국제

───────────

10) 국무조정실, 2014 ODA 실적 보도자료, http://psec.go.kr/pmo/news/news01.jsp
　　?mode=view&article_no=48067&board_wrapper=%2Fpmo%2Fnews%2Fnews01.j
　　sp&pager.offset=0&board_no=3(검색일: 2015.4.8).

〈표 5〉			ODA 원조규모		

(단위: 백만 불)

	2010	2011	2012	2013	2014
공적개발원조(ODA)	1,174	1,325	1,597	1,755	1,851
(ODA/GNI, %)	0.12	0.12	0.14	0.13	0.13
양자간 협력	901	990	1,183	1,310	1,391
-무상원조	574	575	715	809	879
-유상원조	327	415	468	501	512
다자간 협력	273	335	414	446	459

출처: (2010년~2013년) 통계청, e-나라지표, http://www.index.go.kr/potal/main/EachDtlPage
    Detail.do?idx_cd=1687
    (2014년) 외교부 보도자료, "2014년 우리나라의 원조, 전년 대비 0.9억 불 증가한 18.5억 불,"
    http://www.mofa.go.kr/news/pressinformation/index.jsp?menu=m_20_30

기구와 체계적인 다자 협력 ODA 전략을 수립하여 지속적으로 협력 사업을 강화해 나가야 한다. 양자 협력 ODA는 공여국을 직접적으로 드러내고, 원조 기관을 직접 설립하여 원조 인력도 직접 파견하여 추진하는 방식이라면, 다자 협력 ODA는 공여국을 간접적으로 드러내며, 국제기구를 통해 원조를 추진한다는 점에서 차이가 있다.

향후 보다 성숙한 ODA외교를 위해 다자 협력 ODA에 대한 심도 있는 검토가 필요한 시점이다.

(2) 보편적 가치 추구와 보편적 의제 설정외교

성숙한 다자외교란 한국이 다자기구에서 인류 보편적 문제를 인식하고, 인류 보편적 가치를 옹호하며, 이를 범세계적 의제로 설정하는 외교를 말한다. 예를 들면, 인권 옹호, 여성지위 향상, 아동권리 보호, 난민 보호, 환경 보호, 빈곤 퇴치 등은 인류 보편적 가치이며, 이러한 보편적 가치의 침해는 인류가 공동 대처해야 할 문제이다.

그러나 한국은 이러한 보편적 가치 영역에서 편안하고 자유롭지가 못하다. 국내외 정치·경제·사회·문화적인 이유로 인권, 여성, 아동, 난민, 환경 등의 이슈에서 아직도 고려해야 할 변수들이 많다보니 이 이슈들은 '불편한 진실'이 되었다.

유엔에서 인권 문제는 1946년부터 2006년까지 인권위원회Commission on Human Rights에서 2006년부터 인권이사회Human Rights Council에서 다루어 왔다. 한국은 1993년부터 2006년까지 인권위원회 이사국으로 활동하였고, 인권이사회에서도 설립 이후 계속 이사국으로 활동하며 인권 증진을 위한 국제사회의 노력에 동참해 오고 있다. 그러나 인권이라는 보편적 가치에 대한 외교정책이 뚜렷하지 않은 관계로 인권이라는 보편적 가치의 증진에 있어 한국이 주도적인 역할을 못하고 있다.

난민 문제 역시 한국이 자유롭지 못한 이슈이다. 세계 각지에서 크고 작은 분쟁으로 난민이 계속 발생하고, 국제사회는 난민의 보호와 난민 문제의 해결을 위해 노력하고 있는데, 한국은 아직 난민 이슈에서 자유롭지 못하다.

이러한 '불편한 진실'을 극복해 나가지 않으면, 이제 보다 성숙한 다자외교를 전개할 수 없다. 보편적 가치를 통해 국익을 추구하는 외교가 필요한 시점이다.

반면에 빈곤, 교육, 문화는 이러한 관점에서 한국이 접근하기에 용이한 편이다. 이 지구상의 극심한 빈곤을 퇴치하기 위한 노력, 유네스코의 모두를 위한 교육Education for All 사업, 보편적 아름다움과 가치를 지닌 인류 공동의 문화유산 보호 등은 한국이 보다 쉽게 접근할 수 있는 영역이다. 최근 한국의 개발원조외교, 공공외교, 문화외교가 이 영역에서 활발하게 전개되고 있다.

2015년 5월 19일부터 22일까지 인천에서 개최된 유네스코 세계교육회의에 한국이 '세계시민교육Global Citizenship Education'을 글로벌 교육의제로 설정한 것은 한국이 범세계적 보편적 의제 설정을 주도한 좋은 사례가 될 것이다.

(3) 지역외교

1998년 아세안에 한·중·일 3개국이 정례적으로 참석하는 ASEAN+3 정상회의가 합의되어 오늘날까지 한국은 아세안+3 정상회의에 참석하고 있다. 또한 동아시아비전그룹East Asia Vision Group: EAVG과 동아시아연구그룹East Asia Study Group: EASG이 한국 측의 제안으로 설립되었으며, 2005년 12월에는 동아시아정상회의East Asia Summit: EAS가 최초로 개최됨으로써 ASEAN+3, EAS, 한-ASEAN 정상회의가 병행해서 존립하게 되었다. 2008년 한국과 아세안 간에 한-아세안센터 설립 양해각서가 발표되고, 2009년 3월 한-아세안센터를 창립하였다. 또한 2012년에는 아세안 대표부를 설립하였고, 2014년에는 한-아세안 특별정상회담을 부산에서 개최하였다. 이와 같이 한국은 아주 적극적으로 대 아세안외교를 전개하고 있다.

ASEAN 지역 협력포럼ASEAN Regional Forum: ARF은 1994년에 창설되었으며, 한국은 창설 회원국으로 참여하고 있다. 역내 국가들 간의 자유로운 지역, 국제 현안을 논의하는 ARF는 역내 국가들 간 테러리즘, 재난구호 등 비전통적 안보 분야를 중심으로 활발한 협력을 하고 있다. 그러나 ARF가 구속력 있는 결정을 내리는 기구가 아니기 때문에 한계가 있으며, 한국의 대 ARF외교도 이러한 한계를 인식하며 전개되고 있다.

1989년 창설된 아시아 태평양 경제협력체Asia Pacific Economic Cooperation: APEC는 개방적 지역주의open regionalism를 지향하는 유연한 협력체로 역내 투자 증진과 무역자유화를 추구하고 있다. 한국은 APEC에 적극 참여하여 초기에 다양한 기여와 성과를 거두었으나, 최근 APEC의 비중이 약화되면서 APEC에 대한 외교도 관례화되는 실정이다.

전반적으로 아시아 지역외교는 느슨하고 유연한 지역기구의 한계로 인해 참여가 필요하기는 하나, 한국에게 있어 결정적으로 중요한 다자외교는 아니다. 한국이 이러한 아시아의 문화와 환경을 극복하고, 보다 적극적으로 새로운 지역 협력체 창설을 위해 노력한다면 이 지역에 미래지향적 지역 다자협력체를 기대해 볼 수 있을 것이다.

최근 중국이 아시아인프라투자은행Asian Infrastructure Investment Bank: AIIB 창

설을 추진하는 과정을 보면, 한국도 보다 적극적인 다자기구 외교전략을 세울 필요가 있다. 아시아인프라투자은행은 지난 200여 년간 서구 국가가 주도하고 있는 국제기구 역사에서 비서구국가가 창설하는 몇 안 되는 대형 국제기구의 하나이다. 또한 20세기 중반 이후 서구 자본주의가 기반하고 있는 브레턴우즈체제에 균열을 내는 시도이기도 하다.

II. 한국과 국제기구 관계: 평가와 과제 그리고 제언

1945년부터 2015년까지 지난 70년간 한국의 국제기구외교는 다음과 같이 크게 세 부분으로 요약할 수 있다.

첫째, 초기 20년은 유엔의 지원과 도움을 받는 일방적인 관계였다. 유엔으로부터 정치적·군사적·경제적 지원을 끌어내기 위한 외교가 전부였다. 국제기구가 어떻게 작동하는지 배우고 분석할 여력이 없었다.

둘째, 다음 25년은 한국이 국제기구에 대해 배우기 시작하는 과정이었다. 조금씩 국제기구에 적응하며 어떻게 작동하는지 궁금해 하면서 느끼고, 배우고, 반복 학습하던 시기였다.

셋째, 유엔에 가입한 1990년대 초부터 현재까지 25년은 한국이 유엔에서 중요한 역할을 수행하는 행위자로 본격적으로 등장하는 시기였다. 그동안 관중으로서 바라보던 자리에 참여하고, 역할을 수행하고, 시행착오를 통해 학습하면서 계속 도전하던 시기였다. 그리고 서서히 국제기구를 주도하는 국가로 부상하기 시작하였다.

한국은 경제적으로 선진국에 속하지만, 정치·군사적으로는 아직 중견국가middle power nation이다. 따라서 앞으로 한국은 중견국가로서 국제기구외교 혹은 다자외교의 전략을 설계해야 한다.

첫째, 중견국의 특징은 강대국처럼 혼자 가지 않고, 지역기구, 국제기구를 적절히 활용하며 같은 생각을 하는 국가들과 함께 가는 외교를 한다. 스웨덴, 노르웨이, 덴마크 등 북구 국가들은 지역그룹으로 유대가 강하며, 국제기구에서 한 목소리를 낸다. 비록 강소국이지만 여러 나라가 단결하여 발언하기 때문에 강대국이라고 이를 무시할 수 없다. 한국도 중견국으로서 국제기구에서 깊은 유대관계를 바탕으로 함께 동조해 협력하며 활동해야 한다.

둘째, 중견국들은 양자 협력을 통한 개발원조보다는 다자 협력을 통한 개발원조를 선호한다. 국제기구를 통한 개발원조는 국제기구에서의 영향력과 발언권을 높이고, 국제기구를 대리인^{agent}으로 하여 ODA를 제공함으로써 지속성과 체계성, 그리고 도덕적 위상도 높인다. 반면, 양자 협력 방식은 직접 개발원조기관을 설립하여 직접 원조함으로써 거래비용이 높고, 대리인이 부재하여 위험부담도 직접적이다. 한국도 국제기구를 통한 다자 협력 ODA를 확대하여 국제기구에 대한 영향력을 높이고, ODA외교도 한 단계 업그레이드해야 한다.

셋째, 중견국은 보편적 가치를 주창하고, 보편적 가치에 입각하여 생각하고, 판단하고, 발언하는 것이 도움이 된다. 중견국이 보편 가치를 주창하면 강대국처럼 위협적이지 않기 때문에 많은 나라들이 경청하고, 존중하며, 국제적 판단 기준으로 쉽게 받아들이게 된다. 중견국의 도덕적 우위는 눈에 보이지 않는 연성권력^{soft power}이 된다. 따라서 한국도 여타 중견선진국들과 마찬가지로 중견국으로서 보편 가치를 내재화하고 이를 실천하며, 글로벌 의제설정에 적극 나서는 보편 가치외교를 서서히 펼쳐나가야 한다.

이상에서 보는 바와 같이 한국의 유엔외교, 다자외교는 시작 단계이다. 한국의 국가위상에 비해 아직도 유엔외교를 비롯한 다자외교가 현저히 부진한 편이다. 다자외교를 강화하기 위해서는 첫째, 다자외교를 추진할 다자외교 전문가를 지금부터 양성해야 한다. 중장기적 기획으로 다자외교 전문 외교관 양성 경로를 구축해야 할 것이다. 둘째, 다자외교 전략을 연구할 국제기구 연구소 혹은 다자외교 연구소를 외교부 산하에 설립하고, 학계와 연계하여 수준 높은 다자외교 전략을 수립하는 것도 검토할 필요가 있다.

더 읽을 거리

📖 외교통상부. 『한국외교 60년: 1948~2008』. 외교통상부, 2009.
건국 이래 60년간의 한국 외교를 외교통상부가 총정리하여 2009년에
간행한 외교역사서이며 자료집으로 한국외교를 연구하는 데 필요한
기본정보를 담고 있다.

📖 최영진 외. 『세계화시대와 다자외교』. 지식산업사, 2002.
한국의 직업외교관들이 다자외교 현장 경험을 토대로 쓴 매우 드문
다자외교 연구서로, 유엔총회 의장, 유엔 안전보장이사회, 유엔 사무
총장, 유엔 PKO 등뿐만 아니라 ARF, ASEM 등도 다루고 있다.

제 2 장

한국과 국제기구외교:
다자외교 정책결정의 이해
─체제, 요인, 전개 및 특징

박흥순

I. 서론

1991년 유엔^{UN, 국제연합} 가입 이래 한국외교에 있어서 대유엔 및 국제기구 정책은 중요한 외교 분야 업무의 하나로서 자리 잡았다. 오늘날 국제사회에서 다자외교^{multilateral diplomacy}는 소위 '신외교^{new diplomacy}'로서 세계화와 상호의존의 시대에서 개별국가가 해결할 수 없는 전지구적 의제의 해결에 있어 국가 간 협력을 추구하는 유용한 방법이다. 한국이 전반적으로 다자외교를 강화하고 활용하는 것도 이와 같은 국제적인 외교적 접근에 부응할 뿐만 아니라, 국익의 실현에서 필요하기 때문이다.

한국은 그동안 특히 유엔 등의 대(對)국제기구외교 및 전략을 다자외교의 핵심 분야이자 수단으로서 간주하고 이를 확대, 강화하는 노력을 기울였다. 이를 통하여 전통적인 양자외교나 지역외교에 더하여 한반도를 넘어 전지구적^{global} 차원의 의제에 대한 국제협력외교를 강화하고, '소프트파워^{soft power}'를 적절히 활용하는 선진 '중견국가^{middle power}'의 외교역량을 배양하고 발휘하는 기회를 갖고자 하였다.

그리고 실제로 지난 25여 년간 유엔외교를 포함하여 한국의 다자외교는 매우 괄목할 발전을 이루었고, 그에 따른 국제적 위상도 상당히 높아진 것이 사실이다. 한국이 유엔의 후발 가입국가에서 이제는 한국이 세계경제 10위

권 및 유엔분담금 10위권의 중추국으로서 빠르게 성장한 것은 특히 외교정
책의 이론과 실제의 측면에서도 그 의미가 크다.

그렇다면, 이와 같은 다자외교의 일환으로 한국이 노력해온 국제기구외
교의 정책결정체제와 그 실제 전개의 현황은 어떠한가? 즉 한국의 외교정책
에서 상당한 비중을 차지하게 된 국제기구외교의 수립과 전개를 포괄적으로
어떻게 분석, 설명할 수 있을 것인가라는 과제가 제기된다.

구체적으로는 가령, 국제기구외교의 정책목표와 지향점은 무엇이며, 그
정책결정 및 전개는 누가, 어떻게, 어떤 과정을 거쳐 결정이 되는 것이며,
또한 어떠한 환경과 무슨 요소가 주된 영향을 미치는가? 한국이 다자외교,
특히 유엔 등 국제기구외교를 강화하는 이유는 무엇인가? 그것은 대통령이
나 정부의 의도적이고 적극적인 정책의 결과인가 혹은 한국에 대한 국제사
회의 요구에 대한 자연스런 대응의 결과인가? 그러한 다자외교의 확대가 가
져온 내용과 결과는 무엇이며, 어떤 특징을 갖고 있는가? 그리고 한국의 다
자외교를 개선하고 한층 업그레이드하기 위해서 필요한 과제는 무엇이며,
그 가능성과 제약은 무엇인가? 등이다.

이 같은 질문은 한국 다자외교의 체계적이고 분석적인 이해와 설명을 위
해서 필요하다. 특히 한국의 국제기구외교는 국내·외적인 역동성 가운데
지속성과 변화 속에 꾸준한 발전을 하였을 뿐만 아니라, 향후에도 한국이
추구하는 '중견국가' 외교의 핵심으로서 계속 중요한 역할을 할 것이다. 한국
의 대유엔외교 정책의 수립과 전개에 관한 체계적 분석과 이해를 중심으로
한국의 국제기구외교를 보다 심층적으로 파악하고, 향후 발전을 위한 모색
을 하는 것은 의미 있는 학문적 작업이라고 할 것이다.[1]

---

1) 외교는 일반적으로 국가가 공인된 대표를 통하여 상호관계를 유지하고 소통하며 정치
  적·경제적·법적 수행을 해나가는 방법으로 정의된다. 다자외교의 개념은 형식적으로
  는 다자주의, 즉 3개국 혹은 그 이상의 국가 간에 협력을 위한 일련의 외교적 행위이다.
  그러나 보다 질적으로 다자외교는 3개국 이상 간에 일반화된 행동원칙과 참여국가 간
  의 포괄적인 호혜성에 입각하여 수행되는 외교적 행위라고 할 수 있다. 이와 같은 다자
  외교는 기본적으로 2개국 간의 외교적 행위인 양자외교와 구별된다. James Muldon
  Jr., et al., eds., *Mulitilateral Diplomacy and th United Nations Today* (New York,

　그동안 외교정책에 관한 많은 연구에도 불구하고 한국의 국제기구외교 혹은 다자외교 정책에 관한 연구는 국내 학계에서 매우 제한적으로 이루어졌다. 국제기구에 관한 연구도 주로 역사적 발전 혹은 정책내용, 결과, 영향 등 주로 '산출output'적 측면에 관한 연구에 치중되었다.2) 이에 비해, 정책결정의 '투입input'적 측면, 즉 정책결정의 체제와 정책결정의 요인 및 과정의 분석적인 설명을 하는 연구는 많지 않은 편이다. 따라서 학계에서 한국의 다자외교 정책결정의 체계적 분석과 이해에 관한 연구를 통하여, 학문적 미비점을 보완하고, 나아가서 한국의 대유엔외교 등 국제기구외교 정책의 개선과 발전을 위한 정책적 시사점과 제언을 도출하는 데 기여할 수 있는 점에서 연구의 필요성이 있다고 하겠다.3)

　이러한 점에 착안하여 본 연구는 주로 유엔외교를 중심으로 한국의 국제기구외교 및 다자외교의 결정체제와 결정요인을 분석하고 그 특징을 파악하는 데 그 중점을 둔다. 이를 위하여 본 논문의 구성은 첫째, 한국의 다자외교와 국제기구외교의 개념과 성격을 정의하고, 둘째, 다자외교의 정책결정체제(결정권자)와 결정요인(요소)을 구체적으로 분석한다. 셋째, 실제 이와 같은 다자외교가 실행되어 이루어진 내용과 성과를 파악하고, 넷째, 다자외교의 전반적인 평가에 기초하여 그 특징을 요약하고 향후 개선을 위한 과제를 제시하며, 끝으로 결론을 내리는 내용으로 이루어진다.4)

Westview Press, 2005), p.4; 이신화, "다자외교시대 프롤로그," 화정평화재단 · 21세기 평화연구소, 『다자외교강국으로 가는 길』(평화포럼 21, 2009), pp.12-20; John Gerad Ruggie, ed., *Mulitilateralism Matters: The Theory and Praxis of an International Form*(New York, Columbia Univ. Press, 1993), p.8 참조.

2) 다자외교 관련 저서로는 화정평화재단 · 21세기평화연구소, 『다자외교강국으로 가는 길』(평화포럼 21, 2009); 박흥순, 『국제기구론: UN, 다자외교, 한국』(선문대학교출판부, 2015) 참조.

3) 그러한 특수한 세부 영역으로서 경제외교 정책의 체계적 분석에 관하여, 문정인, "외교정책이론: 경제외교정책의 구성과 평가," 김달중 편저, 『외교정책의 이론과 이해』(도서출판 오름, 1995), pp.93-121가 대표적이다.

4) 본 연구는 다자외교 정책의 총론적 입장에서 유엔을 중심으로 한 국제기구외교에 국한하며, 개별 이슈나 분야의 다자외교, 가령 경제, 환경, 인권, 개발, 여성 등의 세부적

II. 한국 다자외교의 발전과 국제기구외교

1. 다자외교와 한국의 외교

현대적 의미의 다자외교의 역사는 1815년 비엔나협약에 의한 유럽회의 Concert of Europe의 창설로부터 시작되며, 공개외교, 상시적 회의외교 및 의회 주의적 외교라는 특징을 가지고 있다. 나폴레옹전쟁 이후 국제질서의 구축을 위한 강대국들 간의 협의는 회의외교, 협의외교, 혹은 다자외교로서 발전되었고, 이는 전통적인 양자외교, 즉 구외교와 구별되는 '신외교'로서 자리잡았다. 그리고 이러한 다자외교의 발전은 국제사회의 대두를 촉진하는 동시에 국제사회의 발전을 반영한 것이다.5) 그러나 진정한 의미에서 다자외교가 활성화된 것은 유엔이 세계화와 더불어 전지구적 보편적 국제기구로서 역할을 한 것으로부터 시작되었다고 할 수 있다.

오늘날 국제사회는 포괄적 국제기구인 유엔을 중심으로 다양한 국제적 난제, 즉 국제분쟁, 인도적 재난, 빈곤, 인권, 환경, 난민 문제 등을 해결하기 위한 국제적 협력을 해나가고 있다. 유엔을 비롯한 국제기구가 평화유지 peacekeeping, 평화구축peace-building, 인도적 지원, 민주화 지원 등 다양한 수단과 활동을 통하여 국제평화 및 안보, 그리고 국제사회의 경제적 번영과 복지 및 협력을 촉진하는 구심점으로서 활동하고 있다. 유엔이 가진 많은

외교정책결정에 관하여는 다루지 않는다.

5) 2015년은 비엔나회의 창설 200주년을 맞이한다. 이 회의가 회의외교, 다자외교 및 국제기구외교로서 발전한 역사적 과정과 의미에 관한 최근의 자료는 Peter Luunsky-Tieffenthal, "Conference Diplomacy from Vienna to New York: A Personal Reflection," pp.4-8; Bob Reinaide, "From the Congress of Vienna to Present-Day International Organizations," pp.12-15 in *UN Chronicle*, Vol.LI, No.3(December 2014), 그리고 나아가서 글로벌 거버넌스의 입장에서의 조명은 Craig N. Murphy, "The Last Two Centuries of Global Governance," *Global Governance: A Review of Multilateralsim and International Organizations*, Vol.21, No.2(April-June 2015), pp.189-196, 그리고 일반적인 논의는 James Muldon Jr., et al., eds., pp.5-9 참조.

제약에도 불구하고 특히 탈냉전시대에 유엔의 새로운 역할로 인하여 국제사회에서 협력이 촉진되고 다자협력의 유용한 수단으로서 자리 잡았다.

이러한 다자외교가 주목을 받는 것은 탈냉전시대에 있어서 국가 간의 전통적 군사안보 혹은 국가안보를 넘어서 '비전통안보'의 이슈 혹은 '인간안보'의 이슈, 인권, 개발, 환경, 테러, 여성 등이 중요한 의제로 부각되었기 때문이다. 이러한 글로벌 의제는 의제의 이해, 공유, 해결 등에서 개별국가 혹은 몇몇 국가만의 노력만으로는 부족하고, 한 국가 혹은 개별 영역을 넘어 지역적 혹은 전지구적 차원에서 국가 간의 협력과 노력이 필요한 영역이다. 개별국가의 입장에서도 이와 같은 다자외교는 국익을 추구하는 새로운 외교적 방편으로서 점차 더 그 비중이 커지고 있다.

한국의 경우에도 유엔외교, 국제기구외교, 회의외교 등의 다양한 다자외교 분야에서 많은 활동을 하고 있다. 한국은 1948년 건국과 1950년 한국전쟁을 통하여 유엔과 특별한 인연을 맺은 것을 비롯하여 국제기구활동을 해왔지만, 특히 1991년 유엔에 공식 가입한 이래 지난 25여 년간 유엔외교에서 커다란 발전을 이루었다. 한국은 유엔 주요기관의 이사국, 즉 안보리, 경제사회이사회, 인권이사회 등의 이사국에 진출하였고, 유엔분담금(정규 및 PKO) 등, 그리고 ODA(공적개발원조) 등 재정적 기여, 주요 분쟁지역에 대한 유엔 PKO(평화유지활동) 및 다국적군 파병활동 등 군사적 기여, 그리고 반기문 유엔사무총장을 비롯한 유엔전문직 관리진출과 같은 인적 기여 등을 통해 대유엔활동 및 유엔외교를 적극 추진하여왔다.

이와 같은 유엔외교 및 전략을 통하여 한국은 전반적으로 선진중견국가의 외교적 역량을 갖추어 나감과 동시에 국제사회에서 외교적 리더십을 발휘하기 위한 노력을 기울이고 있다. 즉 다자외교를 강화함으로써 한반도의 안보와 평화는 물론 전지구적 차원의 외교정책을 추구하여, 이를 통하여 보다 성숙한 '세계국가'를 지향함으로써 국제사회에서 보다 큰 영향력과 높은 위상을 달성하고자 하는 것이다.[6]

6) 일반적으로 국제기구는 유용한 국제회의 장소, 각국의 이해관계를 조정하는 외교적

- 외교: 국가가 공식적인 대표를 통하여 상호관계를 유지하고 소통하며, 정치적·경제적·법적 거래를 수행해나가는 방법이다.
- 다자외교: 형식적인 의미는 3개국 혹은 그 이상의 국가 간 협력을 위한 일련의 외교적 행위이다. 보다 실질적인 의미는 3개국 이상 간에 일반화된 행동원칙과 참여국가 간의 포괄적인 호혜성에 입각하여 수행되는 외교적 행위라고 할 수 있다. 다자외교는 기본적으로 2개국 간의 외교적 행위인 '양자외교'와 구별된다.
- 다자외교는 국제회의외교와 국제기구외교로 나누어진다. '국제회의외교'는 각종 임시적(*ad hoc*) 혹은 정기적·비정기적인 국제회의에서 참여국들과 진행하는 회의과정과 그 결과를 도출하는 외교이다.
- '국제기구외교'는 유엔, 세계은행, 세계보건기구 등 공식적인 국제기구에서 회원국 간에 헌장(규정)과 의사규칙에 따라 의제를 다루는 과정과 그 결과를 도출하는 외교이다. 국제기구외교는 제도화되고 공식적이고 상시적인 제도와 엄격한 규범하에서 이루어지는 점에서, 참여국 혹은 회원국의 합의 및 관례에 의해 운영되는 국제회의외교와 다르다.

2. 국제기구외교의 이해

일반적으로 다자외교는 그 성격과 형식에 따라 크게 국제회의외교와 국제기구외교로 나누어 볼 수 있다. 국제회의외교는 각종 임시적[ad hoc] 혹은 정기적·비정기적인 국제회의에서 참여국들과 진행하는 회의과정과 그 결과

수단이며 그 자체가 독립성을 가지고 세계이익의 차원에서 행동하는 행위자라고 할 수 있다. 다자외교의 장점은 가령, 개별국가가 해결할 수 없는 의제에 대한 논의와 해결 기회를 제공하고, 이러한 과정에서 비용의 관점에서 이익을 주며 또한 국제규범과 원칙에 입각하여 공정성, 보편성, 투명성 등을 통하여 국제관계의 신뢰성과 예측성을 제고해준다는 점이다.

를 도출하는 외교이다. 이에 비하여 국제기구외교는 유엔, 세계은행, 세계보건기구 등 공식적인 국제기구에서 그 헌장(규정)과 의사규칙에 따라 의제를 다루는 과정과 그 결과를 도출하는 외교라고 할 수 있다. 국제기구외교는 제도화되고 공식적이고 상시적인 제도와 엄격한 규범하에서 이루어지는 다자외교라는 측면에서 참여국 혹은 회원국의 합의 및 관례에 의해 운영되는 국제회의 다자외교와는 다르다.

개별국가의 입장에서 국제기구외교는 국제기구 내에서 혹은 국제기구를 통해서 공통적인 다자이슈의 여러 현안 등에서 다른 국가들과 토의, 협상, 정보공유 및 학습 그리고 결과 도출을 수행하는 데 필요한 정책결정 및 이행의 전반적인 내용과 과정이라고 할 수 있다. 대부분의 국제기구의 경우, 회원국은 국제기구의 규정(헌장) 및 의사규칙에 따라 회원국들이 일정한 권한과 책임, 재정분담금 등의 구속력 있는 법적 기반에 의거하여 행동한다. 국제기구는 회원국을 아우르는 보편적 원칙과 기준에 의해 구성 혹은 운영되는 것이 보통이지만, 각 기구의 성격에 따라 그 구조와 권한 등의 역할이 다를 수 있다. 가령 유엔의 경우, 총회가 '1국 1표주의'에 따라 주권평등의 원칙을 강조하는 반면, 안보리가 상임이사국 등의 거부권 보유 등에 따른 특권은 물론 안보리 자체가 다른 회원국이나 기관에 대하여 보다 강력한 권한을 갖고 있다. 또한 세계은행이나 국제통화기금IMF 등의 경우, 각국이 참여지분율에 따라 의사결정에서 권한의 차이를 갖게 되어 있는 것이 대표적인 예이다.[7]

국제기구회의의 결과는 통상 결의문, 선언문, 행동계획 등 공통의 규범과 원칙을 설정하고 이를 이행, 유지, 혹은 발전시켜 나가는 과정을 통해서 국제협력을 추구하는 것으로 이행된다. 특히 국제기구 규범이나 국제기구에서

---

7) 국제기구가 회원국 수의 증가, 혹은 회권국의 국력이나 영향력 변화에 따라 국제기구의 권한, 의사결정 구조나 과정에 대한 변화를 요구하는 경우 국제기구의 개혁 문제가 대두된다. 국제기구의 개혁에 논의는 흔히 국제기구의 민주성, 투명성, 책임성 및 효율성 등의 문제의 중요성 및 우선순위에 관한 것이다. 이러한 문제에 대한 회원국 등 구성원들 간의 요구와 현실 사이에 간격이 큰 경우 국제기구의 개혁이 중요과제가 된다.

체결된 조약 등이 국제법으로서 효력을 갖는 경우에 국내정책 혹은 입법을 통하여 이를 준수해야 하는 것이 개별회원국들의 일반적인 의무이다.

그러므로, 국제기구외교는 특정 국제기구 혹은 이슈를 중심으로 다양한 국제기구 내에서 전개되는 것을 상정하게 됨으로써 각국으로 하여금 상시적인 외교정책결정의 이행 문제를 제기한다. 각국의 국제기구외교는 결국 해당국의 국가이익, 해당 이슈에 대한 입장, 혹은 해당 국제기구에 대한 정책을 기반으로 전개되기 마련이다. 따라서 다자외교가 보편화되고 수많은 국제기구와 이슈에 대한 정책이 추진되는 점에서, 국제기구외교의 이해를 위해서 보다 심층적이고 분석적인 접근이 필요하다.

한국의 경우에도 유엔을 비롯한 국제기구외교는 매우 독특한 역사와 발전과정을 가지고 있는 점에서, 그리고 외교정책에서 그 비중이나 역할이 증대하는 점에서 국제기구외교의 정책결정과 이행의 결과뿐만 아니라, 그 요인과 과정을 이해하는 것이 필요하다. 특히 국제기구외교의 역사, 발전 및 성과에 대한 연구에 비해, 그 정책결정 요인의 측면에서 연구가 미흡한 측면에서 더욱 그러하다. 즉, 한국의 대유엔외교 등 국제기구외교 정책을 추진하는 데 있어서 어떠한 요인과 환경이 주요한 영향을 미쳐왔으며, 과연 이와 같은 과정과 결과가 갖는 의미는 무엇인가를 파악하는 것이 필요하다고 하겠다.

III. 한국의 다자외교 정책결정체제 및 요인

국가의 외교정책을 이해하는 데 있어서 외교정책의 이론을 바탕으로, 다양한 수준에서 그 정책결정의 요소를 분류, 분석하는 것은 표준적인 연구 접근방법이다. 비록, 다자외교가 많은 새로운 의제들을 다루어 나가는 특별한 형태의 외교전개 방법이기는 하지만, 여전히 한 국가의 공식적인 외교정책결정과정인 점에서 외교정책결정의 모델 혹은 접근방법을 사용하는 것이

타당하다. 따라서 한국의 국제기구외교 정책을 분석, 이해하는 데 있어서, 정책결정체제(결정권자)와 결정요인(요소)의 문제로 귀결된다. 정책결정체제는 다자외교 정책을 수립, 집행하는 주무기관 및 조직 전반의 결정권자를 의미한다. 외교정책결정 요인은 이른바 '분석수준level of analysis'의 문제로서, 이는 어떠한 수준 혹은 어떠한 요소들이 외교정책결정에서 중요한 역할을 하는가 혹은 이를 이해하는 데 적실성이 있는가의 문제이다.8) 가령, 월츠Kenneth Waltz는 개인, 국가, 국제체제 등의 3개 요소(수준)를, 로즈너James Rosenau의 경우 개인, 역할, 정부, 사회, 국제체제 등의 5개 요소Pre-theories를 들고 있다.9) 이와 같은 분류를 참고로, 한국의 국제기구 혹은 다자외교 정책의 결정체제 그리고 결정요인을 차례로 살펴보기로 한다.

한국의 다자외교정책 결정 요소(요인)

로즈너(James Rosenau)의 분류를 기준으로, 개인, 역할, 정부, 사회, 국제체제 등의 5개 요소(Pre-theories) 측면에서 한국의 정책결정 요인은 구체적으로 다음과 같다.

- 정책결정권자의 개인적 요소
  최고정책결정자로서 정부의 수반인 대통령, 그리고 외교업무 전담부서의 수장인 외교부장관의 개인적 속성, 가령, 비전과 개인적 인식, 경험, 가치관, 스타일, 정책적 입장 등

---

8) 외교정책론의 연구경향과 이론에 대한 요약은, 김달중, "외교정책의 연구현황과 내용" 및 이종선, "외교정책의 이론사적 재평가," 김달중 편저(1995), pp.15-22, pp.25-44 참조.

9) James N. Rosenau, "Pre-theories and Theories of Foreign Policy," Barry Farrel, ed, *Approaches to Comparative and International Politics* (Evanston, IL, Northwestern Univ. Press, 1996), pp.27-92; Kenneth W., *Waltz, Man, State, War* (New York, Columbia Univ. Press, 1966) 참조.

• 외교부의 역할 요소
  외교부의 다자외교 정책결정체제 및 수립과 전개를 담당하는 다자외교
  부서의 요소, 즉 다자외교조정관(다자외교정책실장) 및 산하 국제기구
  국 등 관련 부서, 그리고 소속 외교인력의 전문성, 자질과 노력 등 개인
  외교 역량 등

• 국가 및 국가 환경요소
  - 한반도의 역사적 및 지정학적 상황, 즉 분단과 남북한 군사대치 등
    안보상황과 4강과의 역학관계, 북한의 핵개발, 무력도발 위협, 인권유
    린 등 요소 등
  - 한국의 국력 상승에 따른 다자외교 외연의 확대 및 역할 증대 노력,
    가령, 유엔 가입 이후 각종 이사회 선출 및 분담금 증액, 국가이익의
    재정립과 평화로운 세계질서와 번영에 기여의지 및 중견국 역할에 상
    응하는 정책강화 등

• 국내(정치·경제 및 사회적) 요소
  - 한국의 개방화, 국제화, 민주화의 역동적 발전을 반영하는 시민사회의
    성장, 학계, 언론, 연구소, 대학 등의 역할 증대에 상응하는 다자외교
    정책 참여의 인식과 공감대 형성 등
  - 한국의 경제적 역량과 국제적 역할 확대에 따른 재정적 지원 및 분담
    의지 확산 등

• 국제체제 및 국제환경 요소
  - 탈냉전의 국제여건과 유엔의 활성화, 그리고 이에 따른 군사적·재정
    적·인적 수요 증가, 가령 인간안보, 협력안보, 소프트파워 등 새로운
    시각과 패러다임 등장 등
  - 국제사회에서 다양한 글로벌 이슈, 가령 핵확산, 환경, 인권, 빈곤, 내
    전, 난민 및 국내실향민, 에이즈(AIDS) 등 질병, 테러리즘 등의 대처
    를 위한 국제협력의 증대 등

1. 다자외교 공식적 정책결정체제(결정권자)

한국의 외교정책, 특히 다자외교 정책의 결정에서 주요한 역할을 하는 요

소(개인 혹은 역할)는 무엇인가? 현재 한국의 헌법과 정부구조상, 다자외교 정책의 공식적인 결정권자는 행정부, 특히 외교부장관과 대통령 및 관련기관이라고 할 수 있다. 그 이외에도 정책결정 과정에서 또 다른 국가 기관으로서 입법부인 국회, 그리고 전문가그룹, 정책자문그룹 및 NGO 등이 관여하기도 한다.

첫째, 우선 정부의 직제, 구조와 권한상 현 외교부 및 외교부장관이 대부분 다자외교 정책의 공식적이고 주된 책임과 권한을 갖고 있다.10) 외교부의 업무는 크게 지역분야외교와 기능분야외교로 나뉘어지고, 각각 제1차관과 제2차관의 전담업무로서 관장된다. 그중 다자외교의 총괄은 제2차관이 담당하며, 산하에 다자외교조정관(실장)이 차관보급으로서 실질적인 임무를 수행하고 있다. 현 다자외교조정관실은 그 이전 외교정책실에서 개편된 것으로서, 특히 다자외교를 중점 추진하기 위해 변경된 것이다. 현재 다자외교실은 산하에 3개국, 즉 국제기구국, 개발협력국, 문화외교국을 가지고 있으며, 또한 각 소속국 별로 여러 개의 담당과로서 나뉘어진다. 또한 국제법률국과 재외동포영사국도 다자외교관실 관할에 속한다.11) 그중 국제기구국은 유엔업무 등 국제기구 전반에 걸친 외교정책을 담당하는 핵심부서로서 역할을 수행한다. 따라서 다자외교 정책의 주요 결정은 국제기구국을 중심으로 하여 3개 소속국 업무를 기반으로 다자외교정책관, 제2차관을 거쳐 최종적으로 외교부장관의 판단과 권한에 의해 이루어진다.

그리고 다자외교 정책결정과정에는 주유엔대표부, 제네바 대표부 등 주요 국제기구 소재지의 대사관 및 각국주재 대사관 등 외교 현지의 정보, 정책입장 등을 반영하여 이루어진다. 또한 정책결정과정에서 산하 '싱크탱크'로서 국립외교원(전 외교안보연구원)의 정책연구 및 개발에서 제시된 바, 정책의견도 중요하다. 외교부는 학계, 언론계, 시민사회 등 각계의 전문가로

---

10) 외교부의 지역외교는 세계 전 지역을 배분하여, 주요 대륙별로 6개 지역국 중심의 외교정책결정구조를 가지고 있다. 이러한 구조는 제1차관하에서 차관보 그리고 각 담당국장 등의 체계하에 정책결정이 이루어지는 것을 의미한다.

11) 『외교백서 2014』(부록), pp.366-367.

주로 구성된 정책자문위원회의 의견도 수렴한다. 각 분야별로 도합 15개 정도의 분과위원회로 구성되어, 1년에 2~3차례 전체 공식회의, 분과별 수시 회의 및 정책연구를 통하여 정책결정에 반영한다. 그리고 사안에 따라 외교부가 주도를 하되 정부 부처 간 협의체 등의 협의와 논의 결과를 반영하기도 한다. 가령 외교부 주도의 부서 간 정책협의체나 개발협력위원회 등 총리주관의 공식협의체, 실무담당자 간 각종 정책조정회의 등이 그것이다.

외교부 이외에 정부의 다른 부처도 해당분야별로 다자외교를 전개하기도 한다. 가령 환경, 보건의료, 해양, 농업, 여성 분야 등의 경우 환경부, 보건복지부, 국토해양부, 농수산부, 여성부 등이 주도한다. 해당 분야의 유엔 전문기구나 정부간국제기구의 의제의 경우, 관련 정부부처의 국제협력부서 및 해당 장관이 정책결정을 주도하되, 사안에 따라 외교부와 협의하거나 범정부적으로 참여 혹은 활동하는 경우가 많다.

둘째, 다자외교 정책 중 주요사항은 양자외교 등 다른 외교정책과 마찬가지로, 경우에 따라 청와대로 일컬어지는 대통령실, 특히 외교안보수석실과 국가안보실의 심의를 거치게 된다. 또한 국가안전보장에 영향을 미치는 중요사안의 경우, 필요에 따라 대통령, 국무총리, 외교부장관, 국방부장관등이 참석하는 국가안전보장회의의 심의를 거쳐 최종 결정된다. 사안의 내용에 따라 외교부는 물론 국방부, 통일부 등의 관련 부처의 입장과 국가정보원, 시민단체 등의 의견을 수렴하여 종합적으로 정책결정을 내린다.[12] 그러므로 중요한 다자외교 사안의 경우는 외교부 등의 의견을 기초로 대통령이 행정부 수반 및 국가원수의 지위에서 최고정책결정권자로서 최종 정책결정을 하는 것이다.

셋째, 행정부의 정책결정 이외에 국회도 다자외교 정책결정에서 일정한 범위 내에서 참여하거나 역할을 수행하기도 한다. 국회의 경우, 소관 상임위

---

12) 청와대의 정책결정 과정과 관례에 대한 연구나 정보는 많이 알려진 것이 없는 편이다. 다만, 국가안보업무 관련으로 포괄적인 연구로서, 전봉근, "국가안보총괄체제 변천과 국가안보실 구상," 국립외교원 외교안보연구소, '박근혜정부의 외교정책과제'(「주요국제문제분석」, 2013 봄 특별호), pp.59-79가 유용한 자료이다.

원회(외교통일위원회) 및 법사위원회 등이 외교현안에 대한 부처의 브리핑 청취, 대정부 질의 등을 벌이거나, 법안 및 예산심의와 결정 등을 통하여 독립된 입법부의 입장에서 다자외교 정책과정에 관여한다. 국회는 외교부 등 행정부의 입장, 시민단체, 관련단체 등의 의견, 그리고 해당 위원회 전문위원실 및 국회사무처(입법조사처, 예산심의처 등)의 검토, 그리고 의원개인은 물론 각 소속 정당의 정강정책과 기조를 바탕으로 현안에 대한 의견을 제시한다. 그리고 본회의 혹은 소관 상임위원회에서의 공청회, 인사청문회 등과 소관위원회, 혹은 의원 주도의 세미나 등을 통하여 의견을 수렴하거나 스스로의 입법 혹은 행정부의 요청에 따른 입법발의 등을 통하여 외교정책 결정에 관여하기도 한다.[13] 국회는 또한 헌법에 규정된 권한에 의거, 국군의 해외파병이나 국제조약 체결 등에 대한 동의 혹은 승인을 통하여 행정부의 외교활동에 관여한다.

넷째, 그 밖에 전문가그룹, 언론 및 NGO(비정부기구) 등도 다자외교 정책결정에 공식 혹은 비공식적으로 참여함으로써 일정한 역할을 수행한다. 가령, 전문가그룹의 경우, 즉 학계, 연구기관 등의 정책개발 및 제언이 그것이다. 이는 공식, 비공식 정책자문, 각종 용역 연구형태의 정책 개발 요청, 각종 세미나 및 워크숍 등의 참여형태로 이루어진다. 또한 외교부 등과 공동 혹은 후원으로 이루어지는 각종 학회, 혹은 국제회의 결과 등도 정책결정에서 역할을 한다. 언론의 경우, 여론조성, 여론수렴이나 소개 등 다양한 의견을 제시하는 통상적인 활동 이외에 직접·간접적인 언론인의 참여활동을 통하여 정책결정에 참여한다. NGO 등 시민사회의 경우, 정책제언이나 감시 및 비판활동, 각종 자문회의 참석 등을 통하여 의견을 제시하는 경우가 늘고 있다.

---

13) 국회의 경우, 여당과 야당에 따라 정략적·정파적으로 외교현안 문제에 대한 입장 차이를 보이거나 대립을 하는 경우가 자주 발생하는 것이 현실이다.

2. 다자외교 정책결정의 요소(결정요인)

한국의 다자외교 정책결정을 설명하는 데 있어서 적실한 분석수준 혹은 요소는 무엇일까? 앞에서 언급한 바 로즈너의 5개의 일반적인 분석 수준(요인)을 바탕으로, 그것은 개인, 역할, 정부(국가), 국내(사회), 국제체제의 5개 요소로 나누어 볼 수 있다. 로즈너의 분류는 특히 왈츠의 3단계 요소(개인, 국가, 국제제체)보다는 보다 심층적으로, 국내적 요소를 고려하는 점에서 한국의 외교정책과정을 이해하는 데 보다 적실성을 가진다.

1) 개인적 요소

외교정책에서의 개인적 요소 중, 특히 정부의 수반인 대통령과 외교업무 전담부서의 수장인 외교부장관의 요소가 중요하다. 우선, 한국의 외교정책 결정은 대통령제하에서 상당한 권한을 행사할 수 있는 최고행정책임자인 대통령의 비전과 견해 등 개인적 속성이 중요하다. 즉, 대통령의 개인적 인식, 경험, 가치관, 스타일, 정책적 입장 등이 영향을 미치게 마련이다. 특히 주요한 외교정책의 경우, 실제로 대통령의 판단과 최종 결정 등이 중요한 요소가 되었다. 가령 1991년 유엔 가입 결정, 1993년 PKO의 소말리아 최초 파병, 동티모르 사태에 대한 다국적군 파병이나 반기문 외교통상부 장관의 유엔사무총장의 출마 등이 대통령의 결정이 영향을 미친 경우다. 그 배경에는 노태우 대통령의 북방정책, 김대중 대통령의 인권과 민주화 운동 경험, 이명박 대통령의 해외기업 활동 등 국제화 경험과 국제사회에 대한 식견이 다자외교를 확장하는 데 중요한 요소로서 작용하였다고 볼 수 있다.

김대중 대통령의 경우, 동티모르 파병, IMF 구조조정관련 등에서 정책결정과 국제기구 대상 외교를 주도하였다고 할 수 있다. 노무현 대통령의 경우, 취임 초기 외교 분야에 관한 업무경험이 없고 초기 외교부의 역할에 대하여 비판적인 입장을 취하였다. 그러나 재임 중 외교부의 역할과 애로를 이해하고, 오히려 실제로 외교부의 조직 및 인력확대 등 외교부서의 강화에 기여하였다.[14] 다만, 김대중 대통령과 노무현 정부하에서 유엔인권위원회에서 대북한 인권결의의 제기와 결의문 채택에 미온적 입장을 취한 것은 당시의 햇볕정책과 대북포용정책의 차원에서 보여진 것이라고 할 수 있다.

특히 이명박 대통령의 '글로벌 코리아Global Korea' 비전과 G-20 정상회의, 부산개발원조회의, 핵 안보 정상회의 개최 등은 매우 적극적인 다자외교의 확장을 촉진하였다. 동시에 유엔 등 국제기구 관련, 주요 국제 의제, ODA (공적개발원조) 규모 확대 및 관련법 및 기구 정비, KOICA 역할 강화 등이 이루어졌다. 박근혜 대통령의 경우, 취임 초기 외교통상부에서 통상업무를 분리하여 외교부의 조직과 입지가 축소되는 듯했으나, 실제로 유엔외교, ODA 강화 등으로 다자외교를 강화하였다. 유엔외교에서 북한인권 개선, 핵확산 억제, 개발협력 등에서 유엔의 역할 강화 촉구는 이러한 유엔의 유용성을 인정하는 것이다. 또한 각종 다자외교회의에 참석하여 보다 강력한 한국의 역할을 자청하고, 주요 개도국의 개발모델로서 새마을 운동이 이론적·정책적 방향 및 방안을 추진하는 정책화되고 있다. 이론적·정책적 방향 및 방안을 추진하는 정책으로서 나타나고 있다.[15)

전반적으로 한국의 역대 대통령은 결과적으로 정부의 국제화, 국가정책의 세계화에서 대부분 긍정적이고 적극적인 입장을 취해왔다. 말하자면, 대통령에 따라 정도의 문제는 있지만 그들은 한국의 국제적 역할을 통한 국가발전에 대한 이해와 외교정책의 강화에서, 다자외교와 국제기구외교에 대해 긍정적이고 적극적인 입장을 보여주었다고 할 수 있다.

통상적인 주요 외교업무의 경우는 외교부의 수장인 외교부장관의 역할과 입장이 중요하다. 정부 외교주무부서의 최고책임자로서 외교부장관은 전적으로 중요한 정책결정자로서 역할을 수행한다. 한국의 외교부장관은 관행상 대부분 외교 분야에서 다년간 경험이나 식견을 갖춘 인사가 맡는 경우가 대부분이다. 특히 일부(가령 교수출신 한승주 장관)를 제외하고는, 최근에

14) 당시 반기문 장관의 유엔사무총장직 출마 결정 등도 청와대의 결단에 의한 것으로 알려졌다.
15) 신동익, "2014년 글로벌 다자외교의 성과와 향후 과제," 『외교』 제112호(2015.1), pp.106-117.

이르러 주로 외교부 출신의 전문 관료들이 장관직을 수행하고 있다. 이러한 경향은 다른 부처의 경우, 정치인이나 비전문가들이 임명되는 경우가 많은 데 비해, 외교의 전문성 측면에서 외교정책결정의 고유성과 전문성을 인정하는 것이다.

외교부장관은 대부분 직업외교관으로서의 다년간의 경험과 식견이 풍부하고, 나아가서 대통령 등과의 소통을 원활히 하는 외교부 출신 인사 등이 주로 임명되었다. 그러나 외교부장관 개인의 소신, 가치관, 경험 등의 특성이 다자외교 정책의 결정적인 차이로서 드러나지 않고 있다. 하지만, 유엔외교가 점차 진화되는 과정 중 외교부의 업무비중에서 다자외교가 차지하는 비중이 커진 것이 사실이다. 외교업무의 제도화와 안정성, 그리고 대외관계의 특수성에 비추어 대부분의 이슈는 국내사회적 논쟁과 정치적 논란으로부터도 비교적 자유로운 편이다. 특히 다자외교 이슈는 중견국 한국의 외교지평 확대, 역할 강화, 위상 제고 등 보다 큰 세계이익을 위하는 명분과 정당성을 갖고 있기 때문에 대부분의 경우, 국내정치적 영향이나 예민성이 크지 않다. 다만, 외교현안 이슈가 국내적으로 이념적·정책적 차이로 인한 마찰이 생기는 경우가 있는 바, 그 경우 외교업무가 그 사안의 장·단점이나 국가이익 등의 관점이 아니라 정치 쟁점화됨으로써 업무의 수행에 지장을 초래하거나 대외정책의 신뢰도를 훼손하는 경우도 있다. 탈북자인권, 북한인권, 유엔 PKO 파병 등이 그 예이다.

그러나, 외교부장관들은 개인적으로 지금까지 다자외교 전문가로서의 국제적인 지명도, 권위나 협상력 등을 발휘하지 못하는 것이 현실이다. 우리의 외교에서 상대적으로 한미외교, 한중외교 등 양자외교가 보다 큰 비중을 차지하고, 외교장관 임무의 상당 부분은 주로 북한 핵 문제 등 한반도 문제나 4강 등의 양자협의 문제 등에 우선순위를 두고 있기 때문이기도 하다. 따라서 외교부장관의 개인적인 스타일이나 리더십에도 불구하고, 국제적인 차원에서 괄목할 역할을 하는 데에는 한계를 보이고 있다. 다만, 다자외교의 확장이 전체적으로 한국외교의 강화에 기여하는 점에서 외교부장관이 그의 개인적 성향을 막론하고 다자외교의 강화와 성과를 위해 노력해온 것이 지금까지의 과정이라고 할 수 있다.

2) 외교부의 '역할' 요소

외교부의 다자외교 전담부서는 다자외교 정책결정체제의 한 부분이면서, 동시에 그 자체가 다자외교의 수립과 전개에 영향을 미치는 중요한 요소이다. 즉, 외교부 그리고 다자외교부서의 경우, 다자외교 분야의 직업외교관 및 전문인력이 다자외교의 수립 및 전개에 상당한 역할을 한다. 그것은 소위 '다자외교파(혹은 네트워크)'의 인적 풀과 역할이 점차 확대되고, 정책결정과정에서 점차 중요한 역할을 하는 방향으로 발전되는 것을 의미한다.

가령, 1991년 유엔 가입 이후 유엔대표부 및 제네바 대표부 근무, 그리고 각종 국제기구 파견이나 관련 주요 업무를 수행한 인력이 다시 본부의 관련 부서로 전보 혹은 영전하여 관련 업무를 지속해서 다루는 경우가 늘고 있다. 가령 본부 유엔과장, 유엔대표부 참사관, 유엔차석대사, 본부 국제기구국장, 다자외교조정관, 혹은 유엔대사 등으로의 승진이나 보직임용, 교대 혹은 순환 업무가 그 예이다.[16] 또한 유엔 등 국제기구 고위직 진출(현 강경화 유엔인도지원조정담당 사무차장보, 김원수 유엔군축담당 사무차장 등) 혹은 국제기구 파견이나 고용휴직secondment을 위한 정부공무원 제도가 확대, 시행되고 있다.

다자외교파의 뚜렷한 등장과 역할은 유엔 가입 이후 그리고 2007년 반기문 사무총장의 취임 이후 점차 가속화되었다고 할 수 있다. 이들은 외교부의 인사 관행, 즉 이른 바 '온탕'과 '냉탕'이라는 선진국과 개도국 간의 순환 근무 관행 등에도 불구하고, 대체로 국제회의외교 및 국제기구업무를 주로

---

16) 현재 외교부의 다자외교파로 분류될 수 있는 주요 인사들은 외교부 본부, 유엔기구 및 외교현장에서 유엔업무를 주로 다룬 전, 현직 외교관들이다. 가령 전직 대사로는 선준영, 박수길, 조창범, 이호진 대사 등이 있다. 현직으로는 주로 반기문 외교부장관 재임시절 및 유엔사무총장 취임 이후 유엔 업무를 다루어온 외교관들, 가령 현직인 오준, 백지아, 한충희, 송영완, 김봉현 대사, 본부의 신동익 실장, 유대종, 오영주 국장 등을 포함할 수 있다.

담당해온 외교관들이다. 이와 같은 다자외교파의 입장과 경험상 그들은 다
자외교의 중요성을 강조하고, 한국 외교정책에서 전통적인 양자외교 및 지
역별외교를 넘어 글로벌 이슈에 대한 외교역량과 인적자원의 배려를 우선시
하고 있음은 물론이다. 국제기구의 정책이나 논의가 한국의 외교정책에서
제대로 대응되거나 나아가서 주도적으로 이루어짐으로써 '소프트파워'의 배
양에 기여하도록 설득, 수립하는 데 직접 관여한다고 하겠다.

즉, 다자외교파들은 국제안보, 인권, 개발, 인도적 지원, 군축 등의 분야나
PKO, 유엔개혁, SDGs(지속개발목표) 등 주요 현안이 한국외교에서 주요한
우선순위를 가져야함을 강조하고 있다. 글로벌 이슈들은 국제적 의제의 성
격, 전문성, 논의의 연계성 및 지속성 등에 비추어 국제적 수준의 전문적인
지식, 협상경험과 역량, 인적네트워크의 연계 등을 통하여 지속적으로 다루
어져야 하는 업무임을 주창한다. 이러한 시각과 입장은 결국 국가이익과 세
계이익의 추구를 통하여 국제적인 영향력을 제고하기 위해서는 다자외교를
강화해야 한다는 것을 강조하게 된다. 이와 같은 지난 25여 년간의 진화는
조직 확대와 더불어 주요한 다자외교파의 인력확충, 경험축적, 그리고 다자
외교 참여 확대를 촉진하였고, 이렇게 한국외교의 새로운 핵심 분야로 자리
잡은 다자외교는 다시 다자외교파의 수요와 필요를 제고하는 '선순환적' 역
할을 하는 데 기여하고 있다. 결과적으로 다자외교부서와 다자외교파는 한
국외교 정책에서 다자외교의 정책결정에 참여하고 그 비중을 높임으로써 정
책결정과정과 정책 산출에도 다양하게 기여할 수 있는 여지를 갖고 있다.

다만, 다자외교 분야뿐만 아니라 외교부의 전반적인 외교정책수행에서
자주 지적되는 문제로써 외교부의 부처 특성에 기인한 외교역량의 한계 문
제가 있다. 외교부장관을 비롯하여 주요 정책결정자들이 대부분 '내부자' 출
신인 점과 외교부의 특수한 업무환경 상(가령, 다른 부처와는 달리 본질적
으로 대외정책에 치중하는 업무의 성격, 해외근무 등 업무환경, 독자적 인사
제도 등) 폐쇄적 조직문화, 부처 이기주의나 '집단사고group think' 등의 문제
점이 지적되는 것이 사실이다. 정책결정자들의 업무의 전문성과 식견을 존
중하면서도 또한 편견이나 오류 또는 관료주의적 타성에 빠지지 않도록 하

는 행정적·제도적·인적제도나 문화 및 관행을 개선해야 한다는 논의가 제기되곤 한다.

나아가서 역할의 측면에서, 정부 내에서의 주요한 외교정책 현안에서 다른 중앙부처와의 역할 분담이나 체계적 협력을 위한 업무 협력체계나 조정의 문제가 대두된다. 주요 부서 간의 업무 협력과 조정을 통하여 적실한 정책을 개발, 혹은 조정하여 결국 주요 당면 현안의 해결은 물론 한국 전체의 다자외교의 역량과 영향력을 제고하는 것이 관건이다. 따라서 부처 간의 협력에서 다자외교 분야에서 외교부가 필요로 하는 주도적 혹은 중심적 역할을 제대로 수행할 수 있도록 제도적·법적 혹은 권한적인 기반과 장치를 갖추도록 뒷받침하는 문제가 제기되는 것이다.

끝으로, 외교부의 다자외교 역할 요소, 그리고 외교수행의 요체가 되는 것은 결국 외교관 개인의 외교역량이라는 점에서 외교관의 자질과 노력 문제가 중요하다. 한국외교의 문제점은 상당 부분 결국 외교적 리더십의 문제이며, 이는 대통령, 장관, 고위직 외교관을 비롯하여 개별 외교관에 이르기까지 외교전담인력 및 외교정책결정권자 모두에 해당되는 사안이다. 다자외교 역량의 취약성은 여러 가지 복합적 요인—가령, 외교전통과 경험의 부족, 지정학적 제약요소, 남북 분단과 대결의 현안부터 지도자들의 국가적, 외교적 비전의 부재 및 심층적 노력 부족, 국내 정략적, 정파적 관여 등과 더불어 외교업무에 대한 배려 부족, 외교관 채용 및 훈련의 제약, 그리고 외국어교육 및 입시교육 등 전반적 교육의 제약, 국내적 전문성 제고 노력 부족, 그리고 외교관 개인의 전문성 한계 등에 기인하는 것으로 볼 수 있다.

결과적으로 한국외교의 급속한 발전에도 불구하고, 한국외교는 아직 소극적, 의전형 외교에 치중하고, 국제적 의제를 주도하는 등의 적극적, 리더십형 외교를 수행하는 역량을 갖추지 못하고 있다는 비판이 있다.[17] 이러한

---

17) 외교부 역할 요소에 대한 이와 같은 비판은 본 연구결과(초안)의 학회발표에서 토론자들이 공통적으로 지적한 바 논평의 주요 내용이다. 박흥순, "한국과 국제기구 외교: 다자외교 정책결정체제와 이행," 한국정치학회 춘계학술회의 발표문(2015.4.24, 한양대).

현실과 제약을 바탕으로, 대통령 등 외교정책결정권자의 특별한 노력 그리고 외교관의 개별역량 강화 등 전반적으로 다자외교를 강화하는 각별한 노력의 필요성이 제기되는 것이다.

3) 국가 및 국가 환경요소

한국의 다자외교에 영향을 주는 국가 및 국가환경의 주요한 요소는 크게 두 가지인 바, 하나는 한반도의 역사적 및 지정학적인 현실이고, 또 다른 하나는 한국의 국력 상승에 따른 외교력 강화이다. 우선 한국의 분단과 남북한 군사대치 등 한반도 안보 상황과 역사적 및 국제 정치·경제적으로 이해관계를 가진 4강과의 역학관계 등이 주요한 요소이다.[18]

그 주요 내용은 첫째, 한반도 분쟁 문제에 대한 유엔의 관여가 1947년 유엔총회 논의 시작 이래 현재까지도 의제로 다루어지고 있는 점이다. 1948년 총선거 및 건국, 그리고 한국전쟁 시 집단안보하에서 미국 등 16개 회원국의 참전을 통한 북한의 침략 격퇴 및 휴전협정 체결, 그리고 이에 대한 후속조치로서 군사정전위원회 등 정전협정체제 유지 등이 그것이다. 특히 휴전협정의 당사자로서 유엔의 역할, 그리고 안보리의 논의와 의제는 오랫동안 한국의 다자외교안보의 핵심의제로 남아 있다. 특히 북한이 한반도에서의 유엔의 역할을 부인 혹은 적대시하고 이를 위반하는 등의 행동이 유엔에서 거듭 논란을 제기하고 있다. 이러한 문제는 한반도에서 분단의 종식이나 평화협정체결 등의 획기적인 변화가 없는 한 지속될 유엔의 의제이다.

둘째, 또 다른 의제는 북한의 미사일 및 핵개발, 무력도발 행위 등에 따른 남한에 대한 위협이 한반도 안보는 물론 유엔헌장이 규정한 바, '국제평화 및 안전에 대한 위협'으로서 간주되는 데 따른 문제이다. 북한의 핵개발 문제가 1990년대 초 국제사회의 문제로 대두되었으나, 이는 남북한 혹은 한·

---

18) 한반도 안보 상황과 북한의 안보위협에 대한 분석과 이에 대한 유엔전략의 논의에 대하여는 박흥순, "한국안보를 위한 국제기구의 역할과 활용전략," 국방대학교 국가안전보장연구소, 「안보학술논문집」(23집(상), 2012), pp.351-378 참조.

미 간의 문제로서 주로 다루어져왔다. 하지만 북한이 IAEA(국제원자력기구)의 사찰 거부 및 핵확산금지조약NPT의 탈퇴를 선언하였고, 2006년 이래 3차례의 핵실험을 거쳐 여전히 핵보유 주장을 함으로써, NPT체제에 대한 정면도전을 야기하였다. 이러한 상황은 국제핵비확산체제에 대한 도전임은 물론 유엔 헌장 위반, 그리고 유엔안보리의 결의 위반 등의 중대한 국제안보의제로서 다루어진다. 또한 북한의 DMZ 무력 도발, 침투, 납치 등의 도발 그리고 천안함 폭침과 연평도 포격 같은 명백한 무력도발 행위도 여전히 정전협정 및 유엔헌장, 국제법 위반이므로 유엔의 주요 의제이다.

셋째, 최근 북한인권 및 인도적 위기의 문제 등은 또 다른 차원에서 다자외교의 의제로 부상하였다. 즉, 연례적 북한인권 의제로서 정치범 수용소, 탈북자인권, 국군포로 및 납치자, 그리고 최근의 해외파견 북한근로자의 인권, 그리고 나아가서는 북한체제의 억압에 따른 북한주민에 대한 인권유린 상황이 그것이다. 이러한 의제는 주로 유엔인권이사회 및 산하 특별절차, 가령 북한인권특별보고관 등의 활동, 그리고 총회의 보고서 혹은 결의 등에 의하여 국제적 의제로 다루어졌다. 2014년 유엔조사위원회COI의 조사보고서 제출을 계기로 북한인권 문제에 대한 관심이 더욱 제고되고, 유엔총회의 보다 강력한 결의는 유엔안보리에 대한 회부를 제시함으로써 다자외교 의제로서 자리를 잡게 되었다.19)

또 다른 주요한 국가 및 국가 환경의 요소는 한국의 국력신장 등 국가역량의 변화에 따른 다자외교의 의제 및 외연의 확대 등이다. 첫째, 한국의 외교는 주로 한미동맹을 비롯하여 한반도 안보 관련 4강과의 양자외교가 주를 이루고 있다. 그러나 한국의 국력 신장에 따라 유엔 가입 이후, 안보리, 경제사회이사회 이사국, 그리고 유네스코, 세계보건기구 등 전문기구 및 산하기구 등에 가입 혹은 이사국으로서 그에 상응하는 권한과 분담금이 증대하였다. 이러한 역할확대에 따라 유엔을 비롯하여 범세계적인 의제에 대한

19) 「2013 유엔인권이사회 북한인권특별보고관 보고서」(통일연구원 북한인권자료집, 2013) 및 유엔 COI 보고서(2014.3).

한국의 관여, 정보유입, 규범 및 정책개발 및 이행 등에 대한 더 많은 권한
과 책임을 갖게 되었다.

둘째, 외교의 정체성과 역할변화에 따른 국가이익의 재정립과 다자외교
에 대한 적극적인 정책적 고려이다. 한국의 국력은 최빈국에서 선진경제국
으로 성장한 성공의 모델로서 인정받고 있다. 상승하는 국력에 따라 정부는
한반도 중심의 소극적인 정책에서 벗어나 국제적 이슈에서 발언권을 강화하
거나 영향력을 제고하려는 노력을 하였다. 한반도 안보 문제 등에서도 4강
과의 개별적인 양자외교뿐만 아니라 유엔이나 지역기구 등의 다자외교 채널
을 활용하여, 가령 유엔의 정치적, 법적 지지와 유사시 군사적 지원 등을
확보하기 위한 노력을 하는 것이다. 또한 국가 이익의 개념을 좁은 의미나
단기적 이익뿐만 아니라 중, 장기적이고 거시적인 관점의 국가이익, 즉 국제
사회의 공동이익을 고려한 개념으로 재정립하는 데 따른 접근이다. 따라서
당장 한반도의 안보와 국가이익에 도움이 되지 않더라도 국제사회에 기여함
으로써, 결국 평화로운 세계질서와 번영에 기여하는 역할을 강화하고 있다.

셋째, 중견국가의 특성상 다자외교의 중요성을 특히 강조하고 있다. 다자
외교는 중견국외교의 특성이기도 하고, 또한 중견국에게 국제적 역할에 대
한 적절한 기회를 제공한다. 최근에 이르러 역대정부가 중견국 역할 강화를
주요 외교정책기조의 하나로 삼는 것이 관례화되었다.[20] 이러한 정책기조
는 외교정책의 수립과 집행, 그리고 이를 수행해나가는 전담인력, 조직 및
인력을 확대해 나가는 다자외교의 기반을 제공하였다. 외교부 관련 부서의
임무확대 및 전문부서 신설, 인원확대 등이 그것이다.

---

20) 한국의 경제발전과 국력 성장에 맞추어 정부가 역대로 소위 "중견국가", "아시아 중심
   국가," 혹은 "세계 선진국가" 지향의 국가적 목표와 외교방향에 관한 노력을 기울인
   것이 사실이다. 그러나 실제로 한국외교의 전반적인 정체성이나 중견국 한국의 정의
   및 외교적 역할에 에 관한 확고한 정의나 국민적 합의는 여전히 불투명한 것이 현실
   이다.

4) 국내(정치, 경제 및 사회적) 요소

한국의 다자외교 촉진과 확대의 주요 요소의 하나로서 국내적(정치, 경제, 사회적) 요소를 들 수 있다. 한국의 역동적인 사회발전에 따라 시민사회의 발전이 급속히 형성되고, 학계, 언론, NGO 등 시민사회단체 등의 발전이 크게 이루어졌다. 사회 전반적으로 한국이 개방화, 국제화, 민주화를 통하여 세계를 무대로 국가 정책을 수립하고 세계와 더불어 살아가야한다는 공감대는 형성되어있다. 또한 한국의 노력은 물론 국제사회의 기대에 부응하여 한국의 경제력에 버금가는 국제적 기여와 책임을 다하는 것이 국익에 보탬이 된다는 인식도 상당히 일반화되어 있다. 이러한 환경은 다자외교의 수립과 전개에 긍정적인 요인으로 작용한다.

그 배경에는 사회적으로 다양한 계층의 성숙, 발전이 있다. 가령, 정치학 및 국제정치학계를 비롯하여 한국의 대학 및 고등교육기관, 국책연구기관 및 주요 민간연구소 등의 연구 및 정책연구역량이 강화되었다. 선진국에서 고등교육을 받은 많은 고급 전문인력들이 정부부서 및 국회의 고위직, 혹은 전문직으로 재직하는 등 외교정책결정 분야에서 중요한 역할을 하는 경우도 꾸준히 증가하였다.

또한 각 분야별로 이루어지는 정책제언, 세미나, 국제회의 등 활발한 논의와 제언은 공식정책제안서 혹은 학술발표 등의 형태로 다양한 채널을 통하여 다자외교 이슈에 대한 관심과 영향력을 제고하고 있다. 또한 국제형사재판소, 유엔법률위원회를 비롯하여 주요 국제사법기구, 인권이사회 자문위원 및 각종 국제인권 규약위원회 위원, 유엔특별보고관 등 전문인력들이 개인적 자격으로 선출, 활동하고 있다. 이러한 인력풀은 전반적으로 한국의 다자외교 정책의 지지자이며 정책 결정의 풍부한 인적, 지적 자원을 형성한다고 할 수 있다.

언론의 경우에도, 민주화, 산업화에 힘입어 역할이 확대되고, 신문, 방송, 인터넷매체 등 다양한 대중매체가 사회의 주요행위자로서 그리고 사회변동의 요소로서 기능하고 있다. TV나 신문 등 언론매체는 국민 교육적·홍보적 측면에서 유엔 등 국제기구의 중요성, 다자외교의 유용성 등을 강조하고 있다. 생생한 국제사회의 현장보도나 뉴스 정보 등의 발달은 한국사회에서 세계와 소통하고 세계를 이해하는 정보의 공유를 통하여 세계 속에서 한국의 정책과 역할을 모색해야 한다는 인식을 제고시키는 데 기여한다.

대학의 경우, 유엔의 이해, 국제기구론 등 전공 혹은 교양과정, 전국대학생모의유엔회의 등 다양한 학생행사 등을 통하여 학생들이 국제사회에 대한 이해를 도모하고, 국제기구 공무원 혹은 국제전문가로서 국제사회에 기여하려는 인재들의 양성에 기여하고 있다. 그 결과 JPO(초급국제전문가), 각종 국제 인턴십, KOICA 및 NGO의 해외봉사 등을 위하여 노력하는 것도 추세이다. 특히 반기문 사무총장의 역할에 힘입어 제2의 반기문을 꿈꾸는 각종 프로그램이나 교육활동은 초, 중, 고교까지 이어지는 '반기문 신드롬'으로 나타나기도 하는 상황이다. 또한 실제로 유엔 등 국제기구에 전문직으로 진출하는 한국인 인력이 급증한 것은 이러한 여건에 기초한 것이라고 할 수 있다. 전반적으로 일반시민들도 건국, 한국전쟁 등 역사적·정서적 이유로 유엔에 대하여 지지를 보내고, 유엔의 역할에 대하여 호의적인 것도 다자외교 발전의 긍정적인 기반이 되었다.

특히 NGO의 경우, 조직화된 대형규모의 단체는 물론 작은 규모의 단체에 이르기까지 사안별로 많은 토론과 사회적 담론의 형성에 기여하고 정부의 역할이나 정책을 지지 혹은 비판하는 등 정책 제언을 비롯한 정책옹호, 감시 및 교육 직접 서비스 등 다양한 방법으로 다자외교 정책형성에 기여한다.[21] 많은 경우, 국내 NGO 및 국내소재 국제 NGO들은 다양한 프로그램, 기금모금, 봉사자 파견 등을 통하여 개발협력, 교육, 난민구호, 환경피해복구 등에 기여하는 활동을 전개함으로써 국민적 참여를 촉진하고, 정부와는 별도로 국제사회에 기여하는 역할을 수행한다. 가령, PKO 비판그룹, ODA 감시단체, 북한인권단체, 여성단체, 긴급구호 및 인도적 지원 등 활동 단체 등이 그 예이다.

---

21) 박재창 엮음, "NGO의 국내사회적·지역적·전지구적 차원의 역할에 대하여," 『지구화시대의 한국시민사회』(아르케, 2011) 참조.

국가의 국력 신장에 따라, 정부가 국제기구나 국제 의제의 활동에서 재정 부담을 확대할 수 있는 경제적 역량도 주요한 요소이다. 가령 유엔분담금 확대, PKO 참여확대, ODA 확대, 인도적 지원 강화 등은 곧바로 이와 같은 정부의 재정능력과 분담의지를 반영하는 것이다. 이러한 국내적 여건은 한국이 전반적으로 다자외교를 강화하는 것은 물론, '제대로 된' 다자외교를 수행하도록 하는 사회적, 국민적 기반을 제공한다. 다만, 정치권의 정쟁 및 분열, 남북한관계, 경제·사회적 문제에 대한 NGO 및 시민사회의 이념적 갈등은 한국이 보다 선제적으로 다자외교 정책을 수립, 집행하는 데 제약을 주고 있다. 가령, 북한인권이나 인도적 지원이나 PKO 파병 등에 관련한 국제기구 논의에서 국내적 갈등이 종종 야기되기도 한다.

5) 국제체제 및 국제환경 요소

한국이 국제적 역할을 강화하고 다자외교를 확대하는 데 있어서 국제체제 및 환경이 영향을 미친다. 가장 두드러진 것은, 한국이 유엔 가입과 다자외교 강화의 시점은 마침 탈냉전의 새로운 국제여건에서 유엔에 대한 국제적 수요가 증가하고 기대가 커진 시기였다. 따라서 유엔이 활성화되고 그 권한과 책임이 확대됨에 따라서 이를 뒷받침하는 회원국들의 인적, 군사적, 재정적 수요도 크게 증가하였다. 국제사회가 인간안보, 협력안보, 소프트파워 등 새로운 시각과 패러다임에서 국제사회를 바라보고, 또한 실제로 유엔에서 환경, 인권, 빈곤, 내전, 난민 및 국내실향민, 에이즈^{AIDS} 등 질병, 테러리즘 등 다양한 글로벌 이슈에 대한 관심과 논의가 확대되었다. 가령, 유엔은 1991년 이라크에 대한 집단안보의 발동을 비롯하여 유고 연방, 동티모르 등의 분쟁지역에 대한 군사적 관여나 PKO 파병, 그리고 평화구축활동 등 다양한 활동을 정착시켰다. 이를 뒷받침하여 유엔의 정책변화, 가령, 전통적 PKO로부터 제2세대, 제3세대 PKO로의 진화, 인도적 개입, 보호책임 등 규범의 변화, 안보리의 국제안보개념의 확장 등과 권한과 활동을 강화하였다. 또한 유엔은 그 자체의 변화뿐만 아니라 각종 전지구적회의$^{global\ conference}$를 주관 혹은 지원함으로써 국제적 의제화와 전지구적 협력을 촉진하는 역할을 수행하였다. 또한 이러한 의제를 논의 혹은 해결하는 데 있어서 국가들뿐만 아니라, 주요 국제기구, NGO, 기업 등 다양한 행위자들의 참여와 협력이 필요한 점에서 '글로벌 거버넌스'의 입장에서 접근하였다. 따라서 유엔은 이러한 행위자들과 동반자관계를 형성 혹은 발전시켰다.

신규회원국으로서 국제사회에 대한 기여를 통하여 국제적 위상을 강화하고 영향력 확대를 꾀할 즈음에, 유엔의 이러한 변화는 한국에게 매우 적실한 기회로 작용하였다. 이러한 여건에서 한국의 다자외교에 대한 수요가 증대하고, 다자외교 의제는 곧바로 한국의 외교적, 국내적 정책의제로서 대두하였다. 가령 지역분쟁 및 내전증가에 따른 PKO의 참여확대, 리우회의 이후 기후변화, 2000년의 새천년개발목표^{MDG} 출범에 따른 ODA 등 개발의제의 강화, 북한인권 및 인도적 지원 문제 등이 주요 관심의제가 되었다. 따라서 한국에서 유엔에 대한 기대가 커지고, 한국은 후발국가로서 안보리의 비상임이사국으로서 진출하여 그 역할을 발휘하는 기회를 가질 수 있었다.

또 다른 국제적 요소로서는 구소련의 붕괴 이후 핵비확산의 문제와 테러리즘의 문제 등이 전지구적 이슈로 등장하였고, 국제사회에서 커다란 쟁점으로 부각된 점이다. NPT체제와 탈냉전의 시대에서 핵비확산의 문제는 대부분의 국가에서 해소되었으나, 북한이 유례없이 NPT체제에 정면으로 도전하여 핵개발을 시도하고 핵사용 위협을 노골화하였다. 이로써 북한 핵 문제는 한반도를 넘어서 국제적 의제로 부각되고, 유엔안보리는 북한 핵 문제를 주요 현안으로 다루고, 이어서 3개의 결의를 통하여 북한에 대한 경제제재를 부과하였다. 또한 9·11 테러 이후 미국의 주도로 전지구적인 대테러전쟁을 뒷받침하고, 알 카에다 등 극단주의 종교운동집단의 반테러행위를 차단하고, 특히 핵테러를 방지하기 위한 안보리 결의에 따라 새로운 국제규범이 설정되었다. 이러한 핵비확산 국제규범의 설정과 준수를 위한 국제적 노력은 북한 핵 문제의 '국제 의제화'를 가져왔고, 특히 한국은 북한 핵의 당사자로서 유엔안보리 및 IAEA 등 국제기구외교에서 의제제기 및 협의, 결의문 채택 등을 도출하기 위한 체제를 갖추게 되었다.

IV. 한국 다자외교의 전개 및 결과

한국의 다자외교는 1991년 유엔 가입을 계기로 본격화되었다고 할 수 있다. 유엔 가입에 따라 대유엔외교 및 관련 국제기구 활동에 참여가 이루어졌을 뿐만 아니라, 유엔기구가 다루는 주요 국제 의제들에 대한 정책수립과 논의가 활성화되기 시작하였다. 〈표 1〉에서 보듯이, 지난 25여 년간 한국의 다자외교는 그 활동, 내용 및 범주가 확대됨으로써, 이제 유엔의 중추국가 그리고 국제사회의 중견국가의 위상에 걸맞은 수준으로 발전하였다. 이와 같은 다자외교의 진화를 바탕으로 한국의 국제기구외교가 결정체제와 정책

〈표 1〉 한국의 대 국제기구/다자외교 정책의 발전(유엔 가입 이후 주요 연표)

(1991~2015)

연도	내용
1991년	유엔 공식 가입(북한과 동시 가입)
	국제기구 근무 한국인 139명(17개 기구)
	KOICA 창설
1992년	유엔 정규분담금 비율 0.69%
	유엔 국별경쟁시험(NCRE) (유엔직원채용시험) 도입
1993년	경제사회이사회 이사국 선출(최초)
	소말리아 유엔 PKO(상록수부대) 파병
1994년	서부사하라 유엔 PKO 파병
1995년	앙골라 유엔 PKO 파병
	국제기구인사센터 설치, 운영
	JPO(국제기구초급전문가)시험제도 도입
1996년	OECD 가입
	안보리 비상임이사국(1996~1997) 선출(최초)
1997년	UNDP, IMO, FAO 등 이사국 선출
1999년	동티모르 파병(다국적군 및 유엔 PKO)
2000년	UNHCR, WHO 이사국 선출
	유엔 정규분담금 비율 1.006%

	제3차 아시아유럽정상회의(ASEM) 개최
	민주주의 공동체(CD) 공동주도국 참여
	UN MDG 참여
	UNESCAP 사무총장(김학수 대사) 임명
2001년	유엔 총회의장(한승수 전 외교부장관)
2003년	유엔인권위원회 북한인권 결의문 채택(최초)
2005년	유엔총회 북한인권 결의문 채택(최초)
2006년	유엔인권이사회 초대 이사국 선출
	유엔총회 1위원회, 군축회의, 군축위원회 의장직 동시 수행
	반기문 외교통상부장관 유엔사무총장 선출
	아프리카 개발이니셔티브 시행
	안보리 대북한 제재 1718호(1차 핵실험)
2007년	반기문 유엔사무총장 취임(2007~2011)
	레바논 PKO(동명부대) 파병
	최영진 코트디부아르 사무총장 특별대표 임명
	국제개발협력위원회 설치
	해외 긴급구호에 관한 법률 제정
2008년	인권이사회 UPR 수검
	유네스코 집행이사회 선출
2009년	안보리 대북한 제재 1874호(2차 핵실험)
	ODA 공여수준 GNI 대비 0.1% 달성
	World Friends Korea 해외봉사단 통합출범
	선진 인도적 지원 공여국그룹(GHD) 가입
	핵확산방지구상(PSI) 참여
2010년	UN PKO 파병 참여법 제정, 시행
	아이티 유엔 PKO(단비부대) 파병
	OECD 산하 DAC(개발지원위원회) 가입
	UN Women 초대 집행이사국선출
	국제개발협력법 제정, 시행/국제개발협력 선진화방안 수립
	ODA 중점협력국 국가협력전략(CPS) 수립
	UNDP 서울 정책센터 개소
	해외긴급구호 선진화방안 수립
	G-20 정상회의 개최(서울)/'서울컨센서스' 개발의제 주도
	국제기구근무 한국인 353명(51개 기구)
	외교부/국제교류재단 '공공외교포럼' 출범/공공외교원년 선포

2011년	제4차 세계개발원조총회(원조효과고위급회의) 개최(부산)
	국제기구 인사센터 개소
	JPO 선발인원(15명으로 증원)
	안보리, 천안함 폭침사건 및 연평도 포격사태 협의(의장성명서)
2012년	제2차 핵안보정상회의 개최(서울)
	국립외교원(구 외교안보연구원) 개편, 신설
	ODA 공여 GNI 대비 0.14%
	부산글로벌파트너십 집행위원회(공여국대표) 선출
	Post-2015 고위급 패널 위원(김성환 전 장관) 임명
	유엔 '분쟁 및 취약국 지원을 위한 New Deal' 공식 참여
	GCF(녹색기후기금) 사무국 유치(송도)
	반기문 사무총장 제2기 연임(2012~2016)
2013년	안보리 비상임이사국(2013~2014)재임
	안보리 '무력분쟁하의 민간인보호'의장성명 채택
	외교부로 개편(통상업무 이관)
	국립외교원 제1기 외교아카데미 선발
	안보리 대북한제재 2094호(3차 핵실험)
	국제기구근무 한국인 479명
	유엔인권이사회 북한인권조사위원회(COI) 설치
	중견국협의체(MIKTA) 발족 주도
	강경화 사무차장보(유엔인도지원조정실) 임명
	남수단 유엔 PKO 파병(한빛부대)
	안보리 1540 위원회 의장국 재임
	서울 사이버스페이스 총회 개최
2014년	UN COI 북한인권보고서 제출
	유엔총회, 북한인권결의 채택 및 안보리회부 촉구
	국제기구근무 한국인 530명(45개 기구)
	제3차 핵안보정상회의(헤이그) 참가
	ODA 공여 GNI 대비 0.15%(OECD 16위 수준)
2015년	유엔 정규분담금 비율 0.199%(전체 13위 수준)
	김원수 사무차장(유엔군축담당최고대표) 임명
	유엔개발협력포럼 고위급회의 개최(송도)
	유엔 post-2015(SDG) 출범 정상회의 참여
	임기택 국제해사기구(IMO) 사무총장 선출(2016~2019)
	오준 유엔대사, 경제사회이사회 의장 선출(임기 1년)

결정요소의 측면에서 실제로 어떻게 전개되고 영향을 미쳤는가를 분석해 봄으로써 다자외교의 성과를 파악해보는 것이 필요하다. 그것은 5가지 측면, 즉, 외교정책적 측면, 참여의 행태적 측면, 한반도 안보의 국제화 측면, 법적·제도적 측면, 그리고 다자외교 인력의 역량강화 측면으로서 나누어 볼 수 있다. 특히 2000년대 기간 이후, 즉, 김대중(1998~2003), 노무현(2003~2008), 이명박(2008~2013), 박근혜(2013~현재) 정부별로 다자외교 정책과 실제전개의 입장에서 살펴보기로 한다.

1. 외교정책기조적 측면

한국은 지난 25여 년간 다자외교의 정책기조와 구체적 프로그램을 점진적으로 강화하였다. 한국의 오랜 숙원이었던 유엔 가입은 노태우 대통령(1988~1993)의 재임기간 중 달성되었고, 김영삼(1993~1998) 대통령의 시기에는 유엔에서 본격적인 활동을 전개하는 기반을 마련하였다. 가령, 김영삼 정부는 '세계화'를 화두로 세계화 국가전략하에서 '신외교'를 표방하였다. 신외교의 내용으로서 5대 기조를 제시하였는 바, 세계화·다변화·다원화, 지역협력 및 미래지향의 5대 개념이다.[22] 이러한 화두와 신외교의 기조는 탈냉전의 여건과 유엔 가입과 더불어 개방화 등 새로운 국제환경에 적응하기 위한 외교적 전환기를 반영하였다.

김대중 정부(1998~2003)의 경우, 대북 '포용정책(햇볕정책)'을 핵심으로 한반도 평화정착을 위한 국제사회와의 협력을 표방하였다. 노무현 정부(2003~2008)의 외교정책기조도 김대중 정부의 포용정책기조를 이어받은 '평화번영정책'을 전개하였다. 김대중 및 노무현 정부의 정책기조는 통일, 안보와 외교를 아우르는 정책으로서 한반도 평화뿐만 아니라 동북아의 공동번영을 모색하는 정책을 지향하였다. 주요한 목표로써 동북아 평화, 번영추구, 국제

22) 『외교백서 1994』(외교부).

협력 및 국가이미지 제고, 경제통상외교, 재외국민 보호, 영사서비스 강화
및 국민의 지지확보, 외교통상부 역량 강화를 추진하였다.

이명박 정부(2008~2013)는 "성숙한 세계국가('글로벌 코리아,' Global
Korea)"의 비전하에 가장 활발하게 다자외교 활동을 전개하였다고 볼 수
있다. 주요한 외교정책기조로서 '국제사회 내 역할과 위상제고'를 비롯하여,
정상외교 지평확대를 통한 글로벌 네트워크 구축, 서울 G-20(선진 20개국)
정상회의의 성공적 개최, 그리고 한반도 안보 공고화 등을 중점적인 과제로
서 추진하였다. ODA(공적개발원조)의 선진화를 추진하여 2010년 OECD-
DAC(개발원조위원회)에 가입하고 ODA의 질적 강화와 더불어, 이를 뒷받
침하는 국제개발협력법을 제정하였다.[23]

박근혜 정부는 "지구촌 행복시대" 외교비전과 "신뢰외교"정책을 표방하였
다. 행복한 지구촌을 모토로 특히, "세계평화와 발전에 기여하는 책임 있는
중견국 실현"을 내세우고 있다.[24] 정부 초기 '한반도 신뢰프로세스'와 '동북

---

23) 『성숙한 세계국가: 국민과 함께 더 넓은 세계로』(외교통상부 정책자료집, 2008.2~
2013.2)(2013), "제4장: 국제사회 내 역할 확대 및 위상제고," pp.330-394 참조.

24) 현재 '중견국' 혹은 '중진국'을 구별하는 통용된 기준은 없으며, 그 기준이 무엇이고
과연 어느 국가가 중진국으로 볼 것인가를 분류하는 것은 쉽지 않다. 다만, 이론적으
로 중진국이란 어떠한 국가인가는 국력, 역할, 그리고 인식이라는 3가지 방법에 의해
서 보다 체계적으로 규정될 수 있다. 중진국은 첫째, 국력의 정도에 의해서 다른 국가
와의 상대적 위치에서 정의될 수 있다. 가장 많이 쓰이는 객관적 기준은 경제력이며
특히 국민총생산(GNP)이다. 그 밖에도 국민개인소득(PI) 그리고 생산성이나 그 밖에
잠재적 국가역량의 요소, 즉 영토, 천연자원, 인구 등을 기준으로 삼을 수 있다. 이
밖에 중요한 것은 일정한 군사력, 정치적 수준 및 외교역량의 측면이라고 할 수 있다.
둘째, 역할의 측면에서는 지역적 차원에서 혹은 세계적 차원에서 국제사회의 목표,
즉 평화와 안보를 중심으로 한 국제질서유지와 국제사회의 정의(justice)의 성취에
기여하는 역량을 기준으로 할 수 있다. 그러한 역량으로서 국제사회에서 가) 국제체
제의 수호 및 세력균형의 유지에 기여하는 것, 나) 중재 및 조정자로서 분쟁의 예방,
해결이나 억제를 하는 것, 그리고 다) 국제기구에 대한 지원, 활동 참여 등 국제사회
의 주요 장치를 유지하는 책임을 맡는 것 등을 포함한다. 국제정의의 추구는 가령
반식민주의, 인종차별주의의 배척, 또한 강대국과 약소국사이에서 경제정의의 구현을
위한 선도적 역할을 말한다. 셋째, 중진국의 또 다른 요건은 국제사회의 인식과 인정
(recognition)이다. 즉, 상당 기간 동안의 성과를 바탕으로 국제 문제에서 일정한 역
할을 담당하는 자격과 능력에 대한 신뢰가 형성되어야 한다. 그러나 중진국 전부가

아 평화협력구상' 등 주로 한반도와 아시아에 국한되었던 정책기조를 점차 국제적으로 확대하기 시작하였다. 박 대통령은 2014년 9월 제69차 유엔총회연설에서 한반도 및 동북아시아의 평화정착노력과 이를 실현하는 의제로서 북한 비핵화, DMZ 평화공원, 북한인권 개선, 개도국 지원 등의 의제에 대한 이해와 지지를 요청하였다.

전반적으로 역대 한국 정부는 정도의 차이는 있지만, 유엔 가입 이후 개방화 및 국제화를 가속화하고 유엔에 대한 기여와 국제사회와의 협력을 주요한 정책기조의 하나로 삼아왔다. 이와 같은 다자외교 강화정책은 한미동맹과 한중 협력관계 같은 양자외교 이외에 유엔의 다자외교를 통하여 국제사회와의 협력과 지지를 확보의 일환이라고 할 수 있다. 전통적인 4강 외교와 지역외교를 넘어서 국제사회와의 협력을 중요시하는 새로운 인식과 정책적 고려를 반영한 것이다. 그리고 또한 한국의 국력 상승에 힘입어 한반도 안보를 넘어 국제사회의 일원으로서 본격적으로 그 역할을 할 수 있다는 의지와 자신감을 반영한 것이기도 하다.

2. 참여의 행태적 측면

한국의 유엔 및 각종 국제기구 활동은 지속적으로 강화 혹은 다변화되었다. 그것은 유엔에 대한 재정적·군사적·인적 기여 그리고 유엔의 활동에 대한 적극적 지지와 참여로서 반영되었다. 한국의 정규분담금 비율은 가입 당시 25위 수준(0.69%)에서 꾸준히 증가하여 2015년 현재는 13위(약 2%) 수준에 이른다.25) 이에 비례하여 PKO 분담금 수준도 꾸준히 증가하였다.

이러한 요건을 모두 갖추어야 하는 것은 아니며, 또한 현실적으로 이러한 요건을 다 갖추고 있지도 않다. 박홍순, 『국제기구론: UN, 다자외교, 한국』(선문대학교출판부, 2015) p.56(각주 57)에서 인용, 그리고 박홍순, "중진국의 역할과 다자외교," 신정현 외 공저, 『21세기 한국의 선택』(도서출판우석, 1997), pp.569-588 참조.
25) 매 3년마다 유엔분담금위원회의 결정에 따라 정해지는 회원국의 정규분담금 기준은

군사적 기여로서는 특히 두드러진 것이 PKO 활동인 바, 1993년 이래 소말리아, 아이티 등 5개의 주요 PKO 단위부대 파병, 그리고 현재도 레바논, 남수단 등의 단위부대 참여가 진행되고 있다. 베트남전 참전 이래 우리군대는 PKO 참여로서 해외파병을 다시 시작하였으나, 이는 전투부대가 아닌 유엔 주도의 평화유지활동인 점에서 그 성격은 매우 다르다. 이러한 PKO 활동 참여는 외교부와 국방부의 주요 국제협력 업무의 하나로 정착되고, PKO 정책과 인사 그리고, 연구, 교육훈련 등 새로운 군사활동 영역으로 자리 잡았다. 또한 국제분쟁에서 우리 국민의 안전과 이익이 직접 관련되는 경우가 증가하는 점에서, 국민들은 유엔활동에 보다 큰 관심을 갖게 되었다.

유엔분담금 이외에 정부는 ODA 공여국으로서 본격적으로 국제사회의 발전을 위한 재정적 기여를 대폭 확대하였다. 특히 1996년 OECD 가입 후, 2010년에는 DAC(개발원조위원회)에 가입하여 본격적으로 공여국 역할을 수행하였다. 2010년에는 2009년 대비 62.2% 증가한 약 4억 5천만 불을 개도국에 지원하였는 바, 이는 GNI 대비 0.1% 수준으로서 최초로 0.1% 수준을 달성한 것이다. 특히 국제개발협력법, 국제개발협력위원회 설치 등 각별한 노력을 기울여 2014년까지 0.15% 수준으로 상승하였고, 정부는 2015년까지 0.25%로 상향시키는 목표를 가지고 있다.[26]

또한 한국은 두 번의 안보리 상임이사국(1996, 2013) 역할을 비롯하여 경제사회이사회, 인권이사회 이사국 등의 이사국을 비롯하여 각 이사회의 의장국, 부의장국 등, 그리고 전문기구 및 주요 위원회의 위원국으로 선출, 활동하였다. 인권, 테러, 환경, 개발 등 다양한 글로벌 의제에 대하여 효과적으로 다루기 위한 조치로서 관련 유엔기구 등의 국제회의 참가활동이 대폭 증가하였다. 높아진 국제적 위상에 따라, 한국은 2010년에는 G-20 정상회의, 2011년에는 세계개발원조총회를 개최한 데 이어 2012년에는 미국에 이

유엔 전문기구 등 다른 주요국제기구의 분담금 산정기준에 준용된다.
26) 강선주, "박근혜 정부의 공적개발원조 정책: 과제와 전망," 국립외교원 외교안보연구소, 「주요국제문제분석」(2013.4.5).

어 제2차 핵 안보 정상회의를 개최하였다.[27] 이러한 다자외교에는 외교관 뿐만 아니라 관련 전문가, 학자, 연구자, NGO 관계자들도 함께 참여하거나 독자적인 관련 활동에 참여하는 기회도 증가하였다. 다자외교에 대한 관심과 전문가 역할이 점차 증대하고, 언론 등에서도 유엔을 비롯한 국제사회 뉴스, 다자이슈에 대한 보도가 증가하는 등 다자외교에 대한 전반적인 학습, 정보공유의 기회가 증가하였다. 특히 반기문 사무총장의 취임 이후, 전반적으로 유엔활동에 대한 관심이 대폭 증대하였다.

또 다른 다자외교 변화의 양상은 국내에 국제기구를 유치하기 시작한 것이다. 국제기구가 갖는 국제정치적 위상과 더불어 경제적·국가적·산업적 이익에 비추어, 정부부처 및 지자체 차원에서 국제기구 유치가 경쟁적으로 시도되고 있다. 특히 인천 송도 같은 경우는 '유엔도시'라는 국제기구 집적지로 발전시키기 위해 각종 국제기구를 유치하는 데 집중적인 노력을 하고 있다. 현재까지 실제로 작은 규모의 기구들, 가령 동북아지역사무소나 산하 사무소 성격의 국제기구들 약 15개가 유치되었다.[28] 2012년 신설 GCF(세계기후변화기금) 사무국 유치에 따라, 향후 최대 규모의 기구로서 활동과 운영이 본격화될 경우 추가적으로 다른 기구들의 유치도 가능하고, 나아가서 보다 많은 다자외교 확장의 기회가 될 전망이다.

특히 최근에 한국이 2013~2014년간 두 번째로 안보리 비상임 이사국을 역임하면서 중요한 역할을 수행하였다. 시리아, 남수단, 콩고민주공화국DRC 등 지역분쟁 사태에 대한 논의 등 국제평화 및 안보에 기여하는 한편, 북한 문제 및 한반도 안보 관련, 특히 북한 핵 문제, 북한인권 및 인도적 지원 문제 등을 다루어왔다.[29] 안보리 활동은 다양한 국제안보 문제를 다루면서 안보리 내부의 국제정치역학과 작동을 경험하고 국제사회에 기여하는 측면

---

27) 『성숙한 세계국가: 국민과 함께 더 넓은 세계로』제4장, pp.330-394 참조.

28) 장윤정, 「인천광역시 국제기구 유치방안연구」(인천발전연구원 연구보고서, 2010).

29) 북한인권 관련의 유엔총회 결의 및 안보리 논의가 이루어지는 가운데, 오준 유엔대사가 2014년 12월 안보리 이사국 임기를 마무리하면서 북한인권 문제에 대한 "감성적" 발언으로서 소회를 피력한 것은 안보활동의 기억할 만한 에피소드가 되었다.

에서 다자외교를 강화하는 귀중한 학습기회가 되었다. 박근혜 정부는 ODA 규모 확대 등 대부분 이전 정부에서 공약 혹은 추진한 바 다자외교 이슈들에 대하여 지속적인 참여 및 지원을 하고 있다.

두드러진 것은 국제기구의 주요 이사국이나 위원국활동을 통해서 관련 의제의 논의와 해결방안의 모색에서 점차 적극적인 외교적 역할을 해나가는 점이다. 이는 한국의 경제력 등 국력을 바탕으로, 안보, 개발, 여성, 보건, IT 관련 등 다양한 이슈에서 점차로 지적·외교적 리더십을 강화해나가는 것을 의미한다. 또한 관련회의를 한국에 유치하거나, 각종 논의에서 선언문, 결의문, 행동계획 등에서 타협이나 새로운 제안 등을 통하여 중재나 주도자 역할을 수행해 나가는 과정의 반영이다. 2013년 한국은 다자외교 강화의 전략차원에서 중견국가 연대인 '믹타MIKTA'를 발족하는 데 주도적 역할을 하여, 멕시코, 인도네시아, 터키 및 호주와 함께 비공식협의체로서 운영하고 있다.[30] 이러한 그룹은 향후 실질적으로 다자외교를 강화하는 전략적 연대로서 기능 할 수 있을 것이다. 전반적으로 활발한 국제기구의 활동 참여 노력과 결과는 국제공동체의 일원으로서 응당한 권한과 책임을 수행하는 다자외교에서 국제기구외교가 매우 효과적이고 유용한 도구가 되었음을 보여주고 있다.

3. 한반도 안보 의제의 국제화 측면

북한 핵 및 미사일 문제, 북한의 인권 및 인도적 지원 문제 등은 한반도 평화 및 안보의 문제를 넘어 이제는 국제 의제로서 다자외교의 문제로 등장하였다. 특히 북한 핵 문제는 주로 한미동맹 등 양자적 접근, 그리고 4자회담 혹은 6자회담이라는 소다자주의mini-lateralism로 다루어졌으나, 현재는 안

---

30) 강선주, "한국의 중견국외교: MIKTA 출범과 개발협력," 국립외교원 외교안보연구소, 「주요국제문제분석」(2013.10.24).

보리의 주요 의제의 하나가 되었다. 북한이 2006년 핵실험으로서 NPT조약을 위반하고 '비확산 레짐'에 정면으로 도전함으로써 이는 국제평화 및 안전의 유지에 관한 핵심의제로 다루어지기 시작하였다. 3차례의 핵실험 결과 북한은 강력한 유엔 경제제재를 부과받았고 유엔 제재위원회의 감시활동을 받고 있다. 그러나 유엔의 제재와 경고를 계속 무시하고 위협을 함으로써, 북한 핵 문제는 국제적으로 커다란 난제로 부상하였다.

또한 2003년부터 유엔인권위원회(현 인권이사회)에서 북한의 인권 개선을 촉구하는 결의문이 채택된 이래 매년 북한인권 문제가 상정, 결의가 통과되어왔다. 또한 특별절차의 일환으로써 '북한인권특별보고관'을 임명하여 매년 그 활동 보고서를 받고 있다. 2013년에는 '유엔조사위원회^{COI}'가 구성되어 탈북자 문제를 중심으로 북한인권 문제에 대한 체계적인 조사를 작성하여 그 보고서를 제출하였다.[31] 보고서에 기반하여 2014년도 유엔총회는 북한의 고위책임자들에 대한 '반인도범죄' 혐의 등에 대하여 안보리가 논의할 것을 권고하는 결의문을 채택하기도 하였다.

결과적으로 북핵 및 북한인권 문제는 한반도 문제의 일부로서 유엔의 논의를 통하여 자연스럽게 국제 의제화되었고, 한국의 외교에서도 다자외교의 현안으로 자리 잡게 되었다. 즉, 북한 문제가 한국의 양자 및 4강 외교와 더불어 다자외교의 접근이라는 '2중 트랙two track'으로 다루어지게 되었다. 이러한 접근은 기존의 일방적 혹은 지역적 차원의 문제뿐만이 아니라 전지구적 이슈로 다루어짐으로써 다자외교가 보완적인 입장에서 매우 중요한 외교적 장치로서 작용함을 의미한다. 또한 다자외교로서의 의제화는 국제사회의 폭넓은 지지와 국제적 정당성을 확보하여 보다 효과적으로 이 문제해결을 시도할 수 있는 기회를 제공하게 되었다.

또 다른 한반도 안보의 위협요인으로서 북한의 무력도발 및 침략행위에 대한 의제가 유엔의 의제로서 논의되기도 하였다. 2011년 북한의 천안함

---

31) 조정현, "유엔 북한인권 조사위원회(COI)" 보고서 분석 및 평가, 국립외교원 외교안보연구소, 「주요국제문제분석」(2014.3.7).

폭침과 연평도 포격사건이 그것이다. 그 해 3월 서해 백령도 부근에서 북한의 어뢰공격으로 천안함이 폭침되었고, 11월에는 연평도 포격으로 군인 및 민간인 사상자를 내게 되었다. 천안함 피격사건의 경우, 정부는 북한의 소행임을 규명하고 유엔안보리에서의 대응조치를 강구하였다. 안보리 의장요청에 의거 전체 안보리 이사국에게 브리핑을 실시하였고, 그 결과 안보리는 의장성명을 채택하여 우려를 표명하였다. 연평도 포격은 노골적인 무력도발로서 정전협정, 유엔헌장 위반 등의 명백한 불법행위로써 지적되었다. 안보리의 긴급회의에서 대다수 이사국들은 북한의 포격과 긴장고조를 규탄하였으나, 중국과 러시아의 비협조로 공식적인 입장 채택은 이루어지지 못했다. 안보리의 조치는 의장성명서에 국한되거나 아예 공식적인 합의가 불가했던 점에서 기대에 미치지 못하였다. 하지만 유엔안보리가 국제평화 및 안보에 대한 책임차원에서 북한의 노골적인 불법행위에 대한 논의와 규탄을 통하여 국제사회의 경각심과 여론을 환기한 점에서 여전히 한반도 안보에 긍정적인 장치로써 기능하였다.

유엔은 이처럼 평시에 있어서 유엔헌장과 국제규범에 따라 북한의 불법도발과 북한주민에 대한 인권유린 등 회원국으로서의 책임에 대한 국제사회의 요구와 비판을 주도하는 역할을 하고 있다. 더구나 유엔은 평화적인 통일여건을 개선 혹은 촉진하거나, 통일외교와 향후 한반도 통일과정에서 국제사회의 지지나 혹은 직접 한반도에 개입하는 등의 관여를 통하여 다양한 역할을 할 수 있는 여지가 크다. 유엔은 이미 국제평화 및 안보를 위한 폭넓은 권한을 유용하게 활용할 수 있음을 보여주었을 뿐만 아니라, 그 잠재력이 크다는 점을 시사하고 있다.

4. 조직, 법적 및 제도적 측면

2000년대에 접어들어 다자외교의 확장과 더불어 주무부처로서 외교부의 조직과 인력을 강화하는 다양한 노력이 이루어졌다.[32] 동시에 관련 업무의 확대와 활성화를 위하여 법적 및 제도적 기반을 구축 혹은 강화하는 조치도 이루어졌다. 가령, 2007년에는 4강 중심의 외교에서 벗어나 균형적이고 다변화된 외교를 추구하기 위하여 조직의 개편, 조정이 시행되었다.[33] 특히 유엔사무총장의 배출과 더불어 중견국가로서의 국제적 위상제고와 글로벌 의제에 대한 적극적 대응차원에서 다자외교 분야의 조직을 강화하였다. 즉 외교부 제2차관 통괄하에 인권, 공적개발원조, PKO 분야를 총괄하는 업무를 위하여, 외교정책실을 "다자외교실(다자외교조약실장)"로 확대, 개편하였다. 또한 ODA 업무를 전략적으로 수행하기 위하여 다자외교실 내에 개발협력정책관실(국장급)을 신설하였다.[34] 즉, 제2차관 산하에 다자외교실과 국제기구정책관, 개발협력정책관, 조약정책관이 각각 이끄는 3개 부서로서 구성하였다.

또한 ODA 관련 정책의 강화 차원에서, 2006년 개발협력관련 "국제개발협력위원회"가 국무총리 주재의 정책결정기구로서 운영되기 시작하였다. 또한 ODA 추진전략의 종합 방안으로써 "국제개발협력 선진화방안"이 외교부, 기획재정부 및 관련 부처의 공동작업으로 이루어졌다. 이밖에 국제개발협력 분야별 기본계획을 수립하였고, 또한 무상원조관계기관 협의회, 현지 ODA 협의체 구성 등을 하였다. 2007년 9월 항공권연대기여금(국제빈곤퇴치기여금)제도를 선도적으로 도입하여, 최빈개도국의 질병과 빈곤퇴치를 위한 재원으로 활용하기 시작하였다. 2010년에는 '국제평화유지활동참여법'이 제정되어, PKO 참여기준 및 파병절차, 처우 등에 관한 법적 기반을 구축함으로써 파병에 관한 확실한 체계를 수립하였다. 이는 국방부훈령 등으로 이루어진 파병 관련 규칙들을 강화하여, 보다 안정적으로 그리고 효율적으로 유엔 활동에 참여하고자 하는 취지이다. 또한 파병 시 간혹 야기되는 정치적·이

---

32) 『외교백서 2008』(외교부), pp.196-198.

33) 2007년 7월 조직개편에 의해 아시아태평양국을 동북아시아국 및 남아시아대양주국으로 분리하였다.

34) 2007년 8월 외교통상부에 개발협력국을 신설하여, 개발정책과, 개별협력과, 인도지원과의 3개과로 구성하였다. 『외교백서 2008』(외교부).

념적인 사회적 갈등과 논쟁을 최소화하기 위한 노력의 일환이기도 하다.

2013년 박근혜 정부 출범 당시 정부부처 조직 개편의 일환으로 외교통상부의 조직 구조조정이 이루어진 바, 통상업무는 분리하여 산업(통상)자원부로 이관하게 되었다. 이러한 업무분할은 15년 이상 외교와 통상업무를 통합 관장해온 외교부 업무분장을 다시 분리, 배치한 것이다. 다만 경제외교, 국제경제협력외교 기능 및 관련조직은 여전히 외교부가 통합하게 하였다.[35]

2015년 5월 현재, 다자외교 관련 외교부 직제는 제2차관 산하, 다자외교조정관(실장) 관할하에 국제기구국, 개발협력국, 문화외교국의 3개국을 배치하고 있다. 국제기구국은 국제기구국장 및 국제기구협력관하에 유엔과, 군축비확산과, 인권사회과, 국제안보과의 4개과로 편성되어 있다. 개발협력국의 경우 개발협력국장과 심의관하에 개발정책과, 개발협력과, 다자협력·인도지원과로 편성되어 있다. 문화외교국의 경우, 특히 문화외교와 공공외교를 전담하고 있다.[36] 공공외교 강화의 차원에서 정부는 2010년을 공공외교의 추진 원년으로 삼고, '공공외교포럼'의 출범과 공공외교대사 임명 등으로써 이를 실행하기 시작하였다. 그 밖에 국제법률국 및 재외동포영사국도 제2차관하에 소속하고 있다.

물론 이러한 장치와 제도 못지않게 다자외교의 전개를 위한 실제 실행과 운용이 보다 중요한 것이 사실이다. 그럼에도 불구하고, 전반적으로 외교부 및 관련 업무의 조직 및 법적·제도적 기반 구축은 다자외교의 안정적·지속적이고 효율적인 수행을 뒷받침하는 조치로써 매우 중요한 발전이라고 할 것이다.

---

35) 『외교백서 2014』.
36) 문화외교국의 경우는 문화외교국장 및 심의관하에 공공외교정책과, 문화예술협력과, 문화교류협력과로 편성되어 있다.

5. 다자외교 인력의 역량강화 측면

이미 살펴본 바와 같이 다자외교가 강화되고 정착됨에 따라서 외교부 내에 '다자외교파'라고 할 수 있는 전문인력들이 증가하고 관련 업무에서 순환 보직을 하는 뚜렷한 경향이 나타났다. 이러한 다자외교파의 형성과 '인력 풀' 확대는 다자외교의 외연과 활동이 확대된 것을 반영하고 있다. 동시에 다자외교 현안에 대한 외교관들의 전문성 축적, 협상력 제고, 네트워크 확대 등으로 다자외교 역량이 강화되는 것을 보여준다.

유엔 가입 이후 외교부는 점차 대유엔외교 담당부서의 확대를 추진하였고, 조직 개편을 통하여 관련 부서의 조직 및 인원, 그리고 예산을 증가시켰다. 또한 다자외교를 수행하는 정부의 다른 관련 부처의 경우에도 국제협력 차원에서 다자외교 분야의 부서 확대, 업무 확장과 활동 강화가 이루어졌다. 가령 국방부 국제협력관실, PKO과 등, ODA 관련 기획재정부, 한국국제협력단KOICA 등 주요 부처 및 기관의 국제협력업무 등이 그 예이다. 그리고 이와 같은 업무확대와 더불어 주요 다자외교 관련 분야의 인력확충, 경험축적, 전문성 강화가 이루어짐으로써 다자외교가 한국외교의 주요 핵심 분야로 자리 잡도록 촉진하는 역할을 하였다.

또한 다자외교의 확대에 따라 실무 외교 인력의 전문성을 강화하기 위한 초임 인력충원과 훈련방법도 꾸준하게 개선되었다. 가령, 실무차원의 우수 인력을 선발, 육성하기 위하여 2004년 이후 외교부는 언어우수인력 및 분야별 전문인력을 특별 채용하는 등 인재 채용경로를 확대하였다(2008년까지 총 376명). 특히 2007년 하반기에는 언어, 지역협력, 다자협력, 교육, 영사, 인사조직, 공보, 회계, 의전, 경제통상, 법률 등 다양한 분야 인력 170여 명을 2차에 걸쳐 채용하였다.[37]

최근 외교관 채용방법의 혁신적 개편이 이루어졌는 바, 종래의 필기시험 위주의 외무고시제도를 폐지하고 새로운 "외교관 후보자선발시험"제도를 도

---

[37] 『외교백서 2009』.

입하였다.[38] 즉, 국립외교원 내에 '외교아카데미'를 설치하고, 외교관 후보자를 선발하여 1년간의 집중교육 후, 배치하도록 하였다.[39] 이는 단순히 암기 혹은 지식위주의 인재보다는 기본적 외교관 소양과 더불어 복합적·전략적 사고를 가진 외교관을 체계적으로 양성하는 것을 지향하는 것이다. 특히 이러한 외교관 양성제도는 외교 분야 전반에 걸쳐 보다 역량 있는 외교관 양성과 활용은 물론, 향후 분야별 전문영역을 포함하여 다자외교의 강화노력에 보다 긍정적인 효과를 거둘 것으로 기대된다.

유엔사무국 등 국제기구공무원 진출을 위한 지원제도도 꾸준히 개선되었는바, 유엔의 국별경쟁시험[NCRE]은 유엔사무국 국별경쟁시험[YPP]으로 대체하여 실시하고 있다. 이 시험은 1992년~2013년간에 걸쳐 64명 합격하여, 48명이 실제 임용되는 등 국제기구 진출의 통로로서 기능을 하였다. 그 밖에도 2007년 11월 외무공무원법의 발효와 함께 외교부 공무원은 특정직 공무원으로서는 최초로 '고위공무원단' 제도에 참여하게 되었다. 이에 따라 부처 간 인사교류를 통하여 전문인력의 확보 및 교류, 외무공무원의 타 부처 진출 등을 할 수 있는 제도적 기반을 갖추었다.

앞에서 지적한 바와 같이, 외교력의 핵심 중 하나는 결국 외교관 개개인의 역량인 점에서 외교부의 다자외교 인력이 강화되고 새로운 인사제도 및 운용이 추진되어온 것은 바람직한 발전이라고 할 수 있다. 동시에 우수한 다자외교 인력을 확보하여 수준 높은 다자외교 역량을 발휘하기 위해서 중앙정부 및 국가적 차원의 다자외교 분야에 대한 정책적 배려가 요구되기도 한다. 가령 다자외교 정책의 우선순위, 관련 인력 및 예산의 대폭 확충, 국회 및 국민적 지지확대 등이 그것이다. 또한 한국의 다자외교의 성숙과 도약을 위해서는 무엇보다도 외교부 자체의 노력이 가장 중요함을 부인할 수 없다. 외교부 내에서 현재의 충원 및 인사관리 제도의 개선 및 전문성 제고

---

38) 『성숙한 세계국가: 국민과 함께 더 넓은 세계로』, pp.468-469.

39) 2013년 12월 43명의 제1기 외교관 후보자가 선발되어, 1년간의 교육 후에 39명이 임명되었다. 『외교백서 2014』.

를 포함하여 능동적이고 혁신적인 개혁노력을 통하여 다자외교의 내실화와
효율화를 위한 획기적인 방안을 마련하는 것이 시급함을 시사한다.

V. 한국의 다자외교 발전의 특징과 과제

1. 발전의 배경과 특징

지금까지 분석한 바, 한국의 다자외교는 여러 가지 요인과 여건에 의해서
크게 성장하였고, 그만큼 한국외교의 전반에 걸쳐 국력에 버금가는 외교력
의 향상에 기여하였다. 이와 같은 다자외교 역량, 정책 및 성과는 어떤 특징
을 갖고 있으며, 한국외교의 발전에서 어떤 의미를 갖는가? 유엔 가입의 후
발국가로서 본격적인 다자외교를 시작한 이래 이제 다자외교는 한국의 외교
정책의 중요한 부분으로 자리 잡았다. 이러한 다자외교의 성장은 한국의 유
엔 가입과 탈냉전시대의 시대적 여건이라는 유리한 국제환경에서 본격적으
로 다자외교를 강화하려는 국가적 야심과 한반도 안보 상황 등 국가안보
및 국가적 도전을 해결하기 위한 노력의 일환으로 이루어졌다. 다자외교의
발전 배경과 요인을 다시 구체적으로 살펴보면, 다음과 같은 4가지로 설명
할 수 있을 것이다.

우선, 한국의 다자외교는 한국의 국력상승과 국제사회의 변화에 적응하
는 자연스러운 외교 형태의 변화와 국가이익 추구의 반영이었다. 한국이 유
엔에 가입할 1991년 당시 한국은 이미 신생국이 아니라, 선진개도국으로서
경제적 위상과 역량을 가지고 출범하였다. 오랫동안 유엔 가입이 좌절되었
던 한국이 탈냉전과 더불어, 바로 유엔의 무대에 공식 데뷔한 것은 외교적
지평을 확대할 수 있는 구조적인 여건을 제공하였고, 정부는 이러한 기회를
적극 활용하였다. 마침 유엔은 '제2의 탄생'을 맞이하여 전 세계적으로 많은

수요가 생겼고 유엔활동의 양적 팽창, 질적 변화 및 활동의 다변화 등에 따라 회원국들의 참여와 적극적인 활동이 요구되었다. 세계화·정보화·민주화 등의 시대적 여건에서 한국은 기존의 경제력과 군사적 역량을 바탕으로, 이제는 외교적인 역량을 강화하려는 노력 가운데서 유엔 등을 통하여 중건국외교 및 다자외교의 비전과 정책을 추진하였던 것이다. 그리고 지난 25여 년간의 성장과정에서 꾸준히 이루어진 이러한 노력은 실제로 성과를 거두게 되었다.

둘째, 한국이 중견국가로서의 독특한 역할과 기여를 통해서 국제사회에서 그 위상과 영향력을 제고하려는 적극적인 노력을 한 결과이다. 한국이 근세에 경험한 독특한 역사적 시련, 동족상잔의 내전 경험과 한반도 분단의 현실 때문에 특히 평화에 대한 갈망과 국민적 의지가 강한 점에서 유엔의 이상과 목표는 커다란 준거가 되었다. 또한 최빈국 지위와 권위주의를 타파하고 민주화와 선진화를 이룩한 성과는 유엔회원국과 국제사회에서 개발의 '성공모델'로서 역할을 하는 데 대한 긍지와 기회를 제공하였다. 한국이 약소국을 벗어나 국제사회에서 중견국가의 입장에서 다양한 글로벌 의제에서 기여할 수 있다는 기대와 염원은 명시적 혹은 묵시적으로 외교정책 목표의 하나가 되었다. 중견국의 입장에서 다자외교는 매우 유용한 외교의 수단이자 채널인 점에서 다자외교는 한국의 중견국 역할에 부합하는 외교적 양태로서 성정할 수 있었다. 이에 더하여 '반기문 효과' 등 국제사회에서 한국과 한국인의 위상을 제고하려는 노력은 중견국으로서 다자외교의 전개를 촉진하는 계기가 되었다.

셋째, 국제기구외교 정책의 결정권자로서, 역대 대통령과 외교부장관 등은 기본적으로 국제기구외교의 지지자이며 주도적 역할을 하였다. 일반적으로 대통령과 새로운 정권은 대선기간 중 정당의 정강정책을 통하여, 그리고 당선 후 인수위원회 활동 등을 통하여 외교정책의 방향과 개요를 제시하곤 한다. 유엔 가입부터 현재까지 역대 대통령과 정부는 유엔 등 국제기구외교에 관하여 개방적이고 긍정적인 입장을 취하였다. 이러한 다자외교에 대한 입장은 이념적·정치적 이유로 역대 정권들 간에 특히 대미관계나 대북정책

등에서 상당한 차이를 보인 것과 구별된다. 특히 노무현 정부에서 반기문 외교부장관의 유엔사무총장직 출마를 지원한 것을 필두로, 본격적으로 국제 기구외교의 정책을 수립, 시행하였다. 특히 2007년 반기문 사무총장의 취임과 2008년 이명박 정부의 출범을 계기로, '글로벌 코리아' 비전하에 "세계에 기여하는 외교" 등을 통하여 매우 적극적으로 국제기구외교를 강화하는 조치를 취하였다. 다만, 유엔 PKO 참여나 다국적군 파병, 그리고 대북인권결의에 대한 구체적 입장과 국제기구정책의 전개는 미국과의 동맹관계나 대북정책과 관련하여, 역대 정권에 따라 차이를 보이기도 하였다.

끝으로, 한국의 다자외교는 북한의 안보위협을 비롯한 한반도 안보 상황 등 특수한 여건에서 생겨난 불가피한 정책적 선택이면서 동시에 양자외교를 극복하는 유용한 수단으로 발전하였다. 한반도 안보 문제는 여전히 한미동맹을 비롯하여 한국의 문제, 한미관계 혹은 4강의 문제로서 다루어진다. 그러나 동시에 한국전쟁에서 경험한 바 유엔의 집단안보를 비롯하여, 평화강제, 제재, 평화구축 등 다양한 국제평화 및 안보 기능은 잠재적으로 한반도 안보와 통일과정 등에 기여할 수 있다는 기대가 크다. 또한 국제적 주요 의제로서 북한핵과 비확산의 문제, 북한인권의 국제 의제화, 북한의 무력도발 등은 안보리 및 인권이사회 등 유엔기구들의 관여로 북한을 견제 혹은 억지하는 국제적 정치적, 법적 혹은 강제적 장치이면서 동시에 국제적 정치적 지지를 확보하는 도구로써 매우 유용하였다. 말하자면, 이 점에서 다자외교적 접근은 양자외교에 더하여 한반도 안보와 관련한 유용한 수단으로써, 한편으로는 국제 사회의 주도에 따른 반사적인 결과이면서 동시에 다른 한편으로는 한국이 적극 관여하는 정책적 선택의 반영이라는 특징을 가지는 것이다.

2. 다자외교 발전의 과제

향후 한국이 '유엔 강국' 혹은 '다자외교 강국'의 외교정책비전과 기조를 실현하는 데 있어서 고려해야 할 과제는 무엇인가? 다자외교가 보다 내실 있는 외교정책이 되기 위해서 개선 혹은 해결해야 할 과제들을 몇 가지 점에서 제시해보고자 한다.[40]

첫째, 한국외교의 정체성과 역할을 위한 보다 적극적인 태도와 정책적 고려가 필요하다. 가령 최근 중국 주도의 '아시아인프라투자은행[AIIB]' 가입결정과 이를 둘러싼 논란은 양자외교와 다자외교의 전개에서 보다 철저하고 심층적인 전략적 고민과 선택이 필요하다는 것을 상기시켰다. 그것은 미국과 중국이라는 두 거대 강대국 사이에서 한국이 안보와 경제라는 두 가지 목표를 추구하는 과정에서 상충하는 양자외교의 이익과 다자외교의 이익을 조화시켜야 하는 문제로써 야기된 사례이다. 미국 등 서방 중심의 국제경제 금융질서에 대한 도전으로서 AIIB의 창설은 새로운 국제규범과 국제질서의 형성에서 다자외교의 선택을 요구하고 있다. 상승하는 중국의 세계적 야심과 전략 그리고 한반도 당사자 입장에 비추어, 한국은 지속적으로 양자외교와 다자외교에서 전략적 선택을 해야 하는 도전에 직면할 것이다. 이와 같은 사례는 다자외교가 단순히 양자외교의 보완적 관계가 아니라 상충적 관계로서 나타날 수 있다는 점을 보여준다. 따라서 다자외교에 대한 확고한 입장과 현안에 대한 전략적 고려를 할 수 있는 역량과 노력을 기울이는 것이 필요하다.

둘째, 한반도의 특수한 안보 상황에서 유엔 등의 국제적 다자적 장치는 지속해서 한국의 안보에 대한 유용한 보완적 틀로 기여할 수 있다. 문제는 이와 같은 다자적 외교장치를 평시 혹은 한반도 유사시 활용할 수 있는 구체적인 방안과 시나리오까지 철저한 준비가 필요하다는 점이다. 한미동맹과 4강과의 관계를 통하여 한반도 안보를 관리하는 양자적 접근에 더하여, 과

---

40) 이러한 제안들은 저자가 여러 학술 및 정책연구를 통하여 지속해서 그리고 일관되게 주장해온 다자외교 강화 및 개선을 위한 의견의 일부이다. 가령, 박홍순, "유엔안보리 비상임이사국의 역할: 한국을 위한 함의,"『외교』제93호(2010), pp.26-44; 박홍순, "유엔가입 20년의 성과와 평가,"『국제평화연구』제4권(2011), pp.103-128; 박홍순, 『국제기구론: UN, 다자외교, 한국』(선문대학교출판부, 2015).

연 어떻게 유엔안보리 등 국제기구의 역할과 기능을 활용할 것인가에 대한 구체적 방안을 사전에 준비해야 한다. 가령, 긴급 사태시 안보리의 중국, 러시아 등 거부권 보유 상임이사국의 입장 그리고 유엔의 군사적 조치나 PKO 등 구체적인 상황에서, 과연 어떻게 그리고 어떠한 수준에서 유엔의 지원을 확보할 것인가 등에 대한 구체적인 시나리오와 대안이 필요하다. 즉, 헌장상(가령 헌장 제39조-42조 혹은 제7장) 규범적으로 가능한 유엔의 지원 혹은 역할이 필요시 실제화되도록 하는 데 필요한 구체적 내용과 절차를 가동할 수 있는 준비가 제대로 이루어져야 한다. 만약 이와 같은 조치가 이루어지지 않는다면, 한반도 안보를 위한 유엔외교의 실익은 반감될 수밖에 없을 것이다.

셋째, 한국이 지향하는 다자외교 활용의 중견국형 다자외교를 구체화하는 데 있어서 충실하게 그 역할을 하기 위해서는 강대국과 개도국 간의 중간자 역할을 할 수 있는 선제적인 외교적 리더십이 필요하다. 중견국외교가 단순히 중간자적 입장을 취하는 것이 아니라, 보다 적극적으로 주요 현안에 대하여 이니셔티브를 가지고 중재 혹은 선도적 역할을 할 수 있어야 한다. 나아가서, 국제사회의 현안에 대한 담론을 주도하거나 새로운 규범을 주창하는 등 적극적인 리더십을 발휘하여야 한다. 가령, 중견국 위상을 가진 다른 국가들과의 연대(가령 MIKTA)의 구체적 활용은 물론, 각 이슈나 분야별로 확고한 정책이나 입장을 정리하고 이를 일반적 규범이나 원칙으로써 확산하려는 노력이 필요하다. 한국이 미국과 동맹국가이고 유엔 내에서 '소속 그룹 없는group-less' 국가로서 독특한 입지를 가진 점이 다자외교를 전개하는 데 있어서 제약요인이 될 수 있다. 동시에 개발의 성공적 모델국가와 국제사회에 적극 기여하는 중견국가로서의 위상을 바탕으로, 원칙에 입각하면서도 유연성을 가진 '한국형' 혹은 '한국적 색깔'의 외교적 리더십을 배양해야 한다. 이러한 노력은 전반적인 외교역량 강화 및 외교전략을 위한 치열한 고민과 대안의 강구를 통하여 국제사회에서 그 '실력'을 인정받는 것에 의해서 가능해질 수 있다.

넷째, 외교부 인력을 비롯하여 한국사회 전체에 걸쳐 다자외교 능력의 향상이 더욱 배가되어야 한다. 국력이나 외교정책 비전을 바탕으로 외교를 전개하는 것은 대부분 외교관의 주된 임무이며, 이러한 외교력의 핵심 요소로서 외교관의 역량과 의지가 관건이 되는 것은 이미 지적하였다. 현재 새롭게 도입된 외교관 채용 및 훈련제도를 비롯하여, 유능한 다자외교 인력양성과 배치를 위한 인사제도, 보직관리, 조직 개편 등을 지속적으로 개선해야 할 것이다. 보다 근본적으로는 선진국이나 선진외교강국에 비해 부족한 다자외교 분야 업무 강화와 더불어 인력을 대폭 확충해야 한다. 나아가서 유엔의 활동 영역과 다자외교의 광범위한 영역에 비추어, 각 세부 분야별로 전문성을 제고하여 국제적 수준의 역량을 갖추도록 지원, 육성해야 한다. 이런 점에서 한국이 지난 수십 년간 경제력 향상과 국방력강화를 위해 매진하고 또한 그 성과를 이룩한 것처럼, 국가발전의 주요 의제로서 외교력의 획기적 향상을 위해 '투자'를 하는 것이 필요하다.

이와 더불어 선진국형 외교력 향상을 위해서, 우리사회 전체의 전문인력 풀의 구성과 활용 등 개방적인 외교정책 및 실행방안의 수립이 필요하다. 특히 각 분야별로 정부, 학계, 연구기관 등과의 민·관·학 차원의 유기적 연대와 교류를 통하여 전반적으로 다양한 인적 지원을 활용하는 것이 필요하다. 정부는 특히 다양한 다자외교 분야의 필요한 연구 및 정책개발이나 인적 교류 등 공동노력을 통하여 국가적으로 필요한 전문성과 정보공유, 전략 및 대안의 개발을 보다 체계화·상시화하는 방안을 모색해야 할 것이다.[41]

---

41) 주요 선진국처럼 국내 인적·지적 자원의 유기적 협력과 활용을 통하여 총체적인 국력과 외교력을 강화하는 문제는 학계나 시민사회는 물론 외교부 등 정부차원에서도 지속적으로 주창되어온 의제이다. 그러나 현실에 있어서 이와 같은 '시너지'를 위한 실제노력은 충분히 이루어지지 않는 실정이다. 국내에서 학계, 연구기관, 시민사회 등에서 분야별로 전문인력 및 전문적 연구나 정책개발이 이루어질 수 있는 여건이 성숙하였고, 또한 국제협상이나 논의 등 국제회의에서 정부와 함께 정책수행이나 실무업무수행도 가능한 역량을 가지고 있다. 외교부는 다양한 계층의 전문가그룹과 포괄적 파트너십을 구축하여 보다 체계적으로 한국의 인적·지적 자원을 동원하는 외교전략적 방안을 시급히 마련해야 할 것이다.

다섯째, 한국이 현재 견실한 중견국외교를 지향하고 다자외교를 강화하는 점에서 중견국외교와 다자외교의 이론과 실제를 규명하는 연구를 심화할 필요가 있다.[42] 중견국외교는 강대국이나 약소국과 구별되는 특성과 역할이 있는 점에서, 중견국 및 다자외교 연구는 유용한 정책적 시사점을 제시할 수 있을 것이다. 한국이 지향해야 할 국가적·외교적 정체성과 국제정치적 역할을 정립하는 차원에서 중견국가의 역할, 그리고 대유엔정책 등 다자외교에 대한 이해가 강화되어야 한다. 이는 한국이 캐나다, 호주 등처럼 국제사회에서 정치적 및 외교적·도덕적 리더십을 갖는 데 있어서 좋은 준거가 될 것이다. 가령, 한국이 산업화, 경제선진화, 민주화에 성공한 '귀감role model'으로서 선진국과 개도국 간의 교량역할이나 '틈새외교niche diplomacy' 등 전략적인 외교방안을 통하여 국제적 리더십을 형성하거나 발휘하는 데 유용할 것이다.[43]

끝으로, 이와 같은 제도적·인력적·지적 자원의 구축을 발판으로, 정부는 통일과 통일 이후의 한국의 국제적 역할과 영향력 제고를 위한 외교비전과 외교전략을 모색해야 할 것이다. 한국은 역사적으로 오랜 기간 동안 한반도를 중심으로 한 생존과 번영에 치중하여 왔지만, '글로벌화'의 시대적 여건은 한국과 한민족의 비약적 도약을 위한 유리한 기회를 제공하고 있다. 현재 한반도의 분단과 갈등으로 인한 커다란 장애요인에도 불구하고, 한국(남한)이 보여주는 바, 경이적인 경제발전과 정치민주화의 성과, 한류로 일컬어지는 한국문화의 독창성과 저력, 최첨단의 ICT 산업과 정보화 사회의 기반, 그리고 무엇보다도 근면노력하고 열정적인 국민적 속성은 국제사회에서 보기 드문 자산이라고 할 수 있다. 이와 같은 자산을 바탕으로 평화적 통일이 이루어지는 경우, 인구 8천만의 통일한국이 글로벌화된 세계무대에서 더 큰 발전과 역할을 할 수 있는 여지가 더욱 커진다는 것은 쉽게 예측할 수 있다.

---

42) 박흥순(2015), p.57.
43) 김우상, 『신한국책략 III: 대한민국 중견국외교』(세창, 2011)는 한국의 중견국 외교추구와 '중추적 동반자(pivotal partnership)' 역할을 주창하고 있다. 특히 pp.3-19 참조.

일부에서는 한국이 세계 7위의 경제대국이 될 것이라는 전망을 하고 있거니와, 그렇다면 과연 한국이 '중견국'을 넘어 경제대국에 걸맞은 정치, 외교력과 국제적 영향력을 갖출 수 있는가의 문제가 대두된다. 한국이 중견국을 넘어 국제사회에서 신뢰와 존경을 받는 '선진국형' 외교력과 리더십을 갖추기 위해서 어떠한 국가적 비전과 전략을 가질 것이며, 어떻게 그러한 외교력을 배양할 것인가에 대한 거시적인 방안을 모색해야 하는 것이다. 동시에 통일한국 시대에서 유엔정책은 물론, 유엔안보리 개혁을 포함하여 국제질서와 국제사회의 운용에서 유엔의 역할을 모색하고 한국의 바람직한 입장과 역할을 정립해 나가는 방안도 찾아야 한다.

국가뿐만 아니라 국제기구, NGO, 다국적 기업 등 다양한 행위자들 간 상호의존과 다층적 이해가 복합적으로 작용하는 '글로벌 거버넌스global governance' 시대가 점점 더 발전하면서 다자외교의 다양한 의제와 접근방식도 보다 그 중요성이 커질 전망이다. 시대적 변화와 그 추세를 리드하는 한국의 리더십의 배양을 위한 중·장기적인 거대 담론과 그 논의 성과는 현재 한국의 다자외교 전반과 유엔 등 국제기구외교의 발전에 대하여도 큰 시사점을 제공할 수 있을 것이다.

VI. 결론

살펴본 바, 한국 다자외교의 정책결정체제, 요소 그리고 그 전개의 성과와 과제가 주는 시사점은 무엇인가? 다자외교는 이제 한국의 외교정책의 중요한 구성요소이며 동시에 목표로써 자리매김하였다. 또한 그동안 다자외교의 성장은 괄목할 만하다. 특히 지난 25년간의 다자외교의 성장은 유엔 가입 이후의 국가적 열정, 국제체제의 우호적 여건과 유엔 역할의 팽창과 수요 증대라는 요소, 그리고 지난 9년간의 반기문 사무총장 '프리미엄'이라는 독특한 환경과 여건에 힘입은 바 크다. 이러한 전반적인 다자외교의 성장은 양자외교를 비롯하여 지역 및 소지역외교를 넘어, 한국외교 영역의 외연과 수준을 높임으로써 한국외교가 크게 성장하는 데 기여하였다. 나아가서 세계적 의제의 해결과 인류 공동의 보편적 가치와 목표에 대한 공약과 노력은 한국이 국제사회에서 확고한 위상과 지위를 인정받아 국가의 품격을 높이는 데 기여하였다. 이것은 국제기구외교나 다자외교가 국가이익과 세계이익을 동시에 제고하는 한국의 수단과 방편으로서 매우 유용하였다는 것을 의미한다.

특히, 유엔 자체도 창설 70주년을 맞이하여 국제사회에 보다 적실성 있는 제도와 역할을 갖추도록 지속적으로 요구받고 있는 상황이다. 전 세계에 걸쳐 많은 난제 해결을 위해서 유엔이 더 많은 역할을 요구받고 있지만, 다른 한편으로는 이에 대응하는 전반적인 인적·재정적·군사적 역량의 간격으로 유엔은 많은 제약을 갖고 있다. 유엔안보리의 개혁을 포함하여, 행정의 효율화, 투명성 제고를 위한 노력, 그리고 만성적인 재정부족을 해소할 수 있는 혁신적 재정방안 등 '유엔의 갱신'을 위한 논의가 계속 제기되고 있는 실정이다. 하지만 이러한 제약에도 불구하고 글로벌 거버넌스에서 유엔의 존재나 역할을 무시할 수 없는 것이 국제사회의 현실이기도 하다. 오히려 국제사회의 복잡 다양한 이슈 해결을 위해서 유엔의 역할에 대한 기대는 물론 실제 역할은 향후에도 계속 제고될 것이다.

이와 같은 상황은 한국과 같은 유엔 애호국가 혹은 중견국가에게는 오히려 외교력과 국제적 영향력을 증대시킬 수 있는 매우 유용한 기회와 장소를 제공한다고 볼 수 있다. 문제는 한국이 과연 얼마나 적실성 있고 현명한 유엔외교 등 다자외교를 추진하느냐에 있다.

한국은 2016년 유엔 가입 25주년을 맞이하는 동시에 반기문 사무총장의 임기만료로서 Post-반기문 시대가 된다. 4반세기의 경험과 국력을 바탕으로 10위권의 경제력과 유엔분담금 국가에 걸맞은 성숙한 다자외교 역량을 갖추고 발휘하는 과제가 여전히 제기된다. 한국이 향후에도 다자외교를 강화 혹은 확대해야 하는 것은 마땅한 외교정책의 방향이 될 수밖에 없다. 한국의 의지가 있는 한 다자외교를 강화할 수 있는 기본적인 기반과 여건은 충분히 존재한다. 점증하는 국력, 한국의 독특한 성공모델 국가로서의 역량, 국제사회의 수요 증대 등 한국이 모범적인 중견국가이며 다자외교 강국으로서 더욱 발전할 수 있는 여지가 크다. 즉, 이제부터 한국은 모범적인 중견국가 그리고 다자외교 강국의 역할을 본격적으로 그리고 충실히 할 수 있는 기회를 갖게 되는 것이다.

다만, 한국이 국제기구외교를 전개하는 데 있어서 가진 여러 가지 제약 즉, 현실적인 문제도 고려해야 한다. 가령 국가안보의 현안 문제는 한국이 국제적 의제에서 보다 강력하게 그리고 적극적으로 활동하는 데 많은 제한을 가한다. 한반도 분단과 북한 문제의 구조적 취약성 가령, 휴전협정, 핵개발 및 미사일 개발, 노골적인 군사도발 및 위협, 그리고 북한 정권의 인권탄압, 경제적 취약성 등이 그것이다. 또한 한국은 비상임이사국 기간을 제외하고는 아직 안보리의 '국외자outsider'이기 때문에 한반도 문제의 당사자로서 안보리 논의에 직접 관여하지 못한다. 한미 동맹을 통한 한반도 안보의 보장과 긴밀한 우호관계는 특히 중국과의 관계나 안보리의 논의에서 주요 강대국 간의 이해관계 상충을 가져오는 역기능도 존재한다. 그러므로 한반도 문제와 국제적 의제의 이중성, 또한 양자 혹은 지역적 접근과 다자외교적 접근 간의 상충성을 극복하는 지혜로운 다자외교의 운영이 필요하다고 하겠다.

더 읽을 거리

📖 박흥순. 『국제기구론: UN, 다자외교, 한국』. 선문대학교출판부, 2015.
유엔을 중심으로 국제기구의 일반 이론과 그 실제에 관하여 다룬 국제
기구 이해의 개론서이다. 특히 유엔, 국제기구, 다자외교, 글로벌 거버
넌스 등의 기본 개념과 이론을 바탕으로, 한국적 시각에서 국제기구가
국제사회에서 실제로 어떻게 운영 혹은 작동하는가 등의 역동성을 체
계적으로 설명하고 있다. 특히 안보리 등 주요 기관, 주제 혹은 사안별
로 중견국가로서 한국의 다자외교 정책의 내용과 실제 전개를 분석하
고, 바람직한 정책 대안을 제시하는 데 중점을 두고 있다.

📖 외교부. 『평화롭고 안전한 지구촌을 위하여: 대한민국 2013-2014년
유엔안보리 비상임이사국 활동』. 외교부, 2015.
한국이 유엔 가입 이래 두 번째로 역임한 유엔안보리 비상임이사국
역할에 관한 주요 활동 내용을 요약한 정부(외교부)의 간행서이다. 안
보리와 한국의 인연을 비롯하여 2년간 다루어진 북핵 문제, 세계지역
분쟁, 민간인, 여성, 아동 등 취약계층 문제, 극단주의 등에 관한 안보
리활동 내용을 요약하고 있다. 부록에는 한국이 안보리에서 주도한 주
요 안보리 결의 및 의장성명을 싣고 있다. 한국의 안보리 활동과 역할
을 파악할 수 있는 자료이다.

📖 외교통상부. 『한국외교 60년: 1948-2008』. 외교통상부, 2009.
대한민국의 건국 이후 60년 동안의 외교의 역사와 내용을 분야별, 시
대별 구분에 따라 요약 정리한 정부(외교통상부)의 간행서이다. 정부
의 외교활동을 주변 4국 및 지역외교, 안보 및 통일외교, 유엔 및 다자
외교, 경제·통상외교, 문화외교, 재외동포 정책으로 나누어 정리하고,
외교통상부의 조직, 예산과 관련 기관의 변화도 소개함으로써 한국외
교의 발전과정을 포괄적으로 파악할 수 있는 자료이다. 부록에는 건국
및 한국전쟁 관련 유엔결의를 비롯하여 주요 국제협정 및 조약체결,

수교현황 등을 포함하고 있다.

📖 평화포럼 21편. 『다자외교강국으로 가는 길』. 화정평화재단·21세기 평화연구소, 2008.
다자주의 및 다자외교의 관점에서 기본개념과 더불어 주요한 국제의제와 한국의 정책을 분석, 설명한 입문서이다. 학자 및 현직외교관들이 평화, 개발, 인권, 유엔 등 주요 의제 그리고 동아시아 지역 전반과 중국, 일본 사례 등 다자외교의 현황과 쟁점을 다루고 있다. 특히 중견 및 고위외교관들이 다자외교 협상의 현장의 경험과 입장을 심층적으로 소개함으로써 한국의 다자외교의 실제에 대한 이해를 도모하고 있다.

📖 *Basic Facts about the United Nations 2014.* New York, UN Dept. of DPI, 2014.
유엔사무국이 발간한 유엔에 관한 종합적인 기본 소개서로서, 2014년 기준으로 최신 정리된 것이다. 유엔헌장과 프로그램, 기관 및 전문기구를 포함하여 유엔체제 전반에 관하여 소개하고, 평화 및 안보, 경제 및 사회개발, 인권, 인도적 지원, 국제법 등 영역별로 유엔의 활동내용을 설명하고 있다. 부록에서 유엔회원국 명단 및 분담금 현황, 유엔센터 등의 목록, 유엔기구 및 기관들의 홈페이지 등 유용한 자료를 제공한다.

📖 Patrick, Stewart & Forman Shepard, eds. *Multilateralism & U.S. Foreign Policy: Ambivalent Engagement.* New York, Lynne Rienner, 2002.
탈냉전 이후 새로운 국제환경과 변화하는 미국의 역할 가운데, 미국의 유엔 및 국제기구외교 등 다자주의 정책과 실제를 포괄적으로 조명하고 평가한 소개서이다.
미국이 초강대국으로서 다자주의를 지향하지만 미국의 이해관계에 따라 양면적 행태를 보인다는 점을 강조하고 있다. 약 20여 명의 학자와 전문가들이 미국의 다자주의 정책의 국내·외적 측면을 살펴보고, 구체적으로 평화활동, 대량살상무기, 제재, 국제사법, 인권 및 기후변화 등에서의 사례를 분석, 제시한다.

📖 Thomas, Weiss G., & Thakur Ramesh. *Global Governance and the UN: An Unfinished Journey*. Bloomington, Indiana Univ. Press, 2010.

국제적 명성을 가진 두 유엔전문가가 글로벌 거버넌스의 입장에서 다양한 분야에서의 유엔의 역할과 기여를 평가하는 전문서이다. 글로벌 거버넌스의 개념과 발전을 분석하고, 현재 국제사회에서 국제안보, 개발 및 인권 등 세 분야 9개 이슈별로 글로벌 난제와 그 해결방안과의 격차(gap) 문제를 5가지 측면. 즉, 지식, 규범, 정책, 제도와 준수라는 관점에서 분석, 설명하고 있다.

제 3 장

한국, 국제기구 및 글로벌 거버넌스:
미래의 과제

이신화

I. 서론

21세기 국제관계는 의제뿐 아니라 행위자 측면에서도 한층 더 복잡해지고 상호연계성이 심화된 양상을 띠고 있다. 시리아 내전이나 그리스 금융위기와 같은 한 국가의 불안정성이 그 지역 전체 혹은 지구촌 전역에까지 파급력을 갖는 경우가 늘어나고, 전염병, 기후변화, 자원부족, 난민 문제와 같은 이슈가 초국가적 이슈이면서 한 사회나 한 개인의 문제로 직결되기 때문에 국가들은 자국의 이익만 고려하여 행동하기 힘들어졌다. 특히 비전통안보로 일컬어지는 환경, 무역, 이민자 문제, 전염병 등 초국가적 이슈는 강대국과의 양자동맹이나 소수 몇몇 국가들과의 협력만으로 대처할 수 있는 문제가 아니다.

이렇듯 국제관계의 포괄성과 상호 긴밀성 속에서도 북핵 문제 해결, 한미동맹 강화, 한중일 양자관계 개선과 같은 전통적인 현안에 매여 있는 한국이 세계무대에서 어떠한 고유브랜드를 개발하여 중견국middle power으로서의 위상과 정체성을 강화하고, 서구와 비서구 및 선진국과 개도국을 잇는 국제규범을 기획·전파할 수 있는 외교목표와 의제 및 정책개발을 할 수 있는지 살펴볼 필요가 있다. 실로 한국은 식민지와 전쟁을 겪고 경제적으로 아주 가난하고 자원빈국이었던 한계를 극복하고, 2010년 경제협력개발기구OECD 공여국 지위를 얻어 원조를 받다가 주는 세계 유일한 나라가 되었다. 오늘

날 한국은 북한의 위협, 세계 4강에 둘러싸인 지정학적 한계와 같은 정치안
보적 도전요소에 여전히 직면해 있지만, 세계 10위권의 경제강국, 선진·신
흥경제 20개국 협의체인 G20 회원국, 정보기술IT의 최강국, 한류 붐을 포함
한 문화산업의 활성화 등으로 국가역량과 세계적 위상이 제고되었다. 이에
따라 한반도와 주변국 정세에만 집중되어 있던 기존의 외교정책 틀에서 벗
어나 주도적이고 책임 있는 중견국가가 되기 위해 국력에 걸맞은 국제사회
공헌의 필요성이 높아지고 있다. 따라서 국가와 민족을 뛰어넘어 인류보편
적인 평화와 번영에 이바지하는 국제주의적 시각과 정책을 지향하고, 가치
를 공유하고 "뜻을 같이하는like-minded" 국가들과 협력하여 의제를 개발하고
추진해 나갈 필요가 있다.

이러한 국가들 간 협력의 필요성이 증대하면서 다자외교의 중요성이나
국제기구의 역할에 대한 국제사회의 인식이 높아지고 일국의 외교정책에 있
어 다자적 협력이 중요한 부분으로 주목받기 시작하였다. 물론 한 국가의
외교정책이란(특히 민주화, 다원화된 사회일수록) 국제적 요소뿐 아니라 한
국가의 정부형태, 정책결정자의 리더십이나 개인적 성향, 여론의 추이 등
국가 내 복잡한 역학의 영향을 받는다.1) 결국 국제협력을 표방하는 국가들
은 예외 없이 국익에 따라 외교정책의 목표와 방향을 결정하는 현실주의적
정치를 벗어날 수 없기 때문에 국제기구의 개별 주권국가들에 대한 영향력
은 여전히 제한적일 수밖에 없다. 하지만 다자외교를 활용하여 국익창출이
나 확대를 도모하고자 하는 국가들이 늘어남에 따라, 이러한 추세가 국제기
구의 역할에 어떠한 긍정적 변화를 줄지, 특히 국가 간 협력과 갈등관계 속
에서 다자외교나 국제기구외교가 어떠한 영향력을 행사할지에 대한 관심이
커지고 있다.

이러한 맥락에서 본 장에서는 한국의 국제기구 진출 및 유치에 대한 평

1) James N. Rosenau, "Introduction: New Directions and Recurrent Questions in
the Comparative Study of Foreign Policy," in Charles F. Hermann, Charles W.
Kegley, Jr. and James N. Rosenau (eds.), *New Directions in the Study of Foreign
Policy* (Boston: Allen & Unwin, 1987), p.1.

가, 한반도 안보 및 평화 및 글로벌 거버넌스 차원의 한국의 소다자주의 외교의 필요성, 그리고 동북아 국가들의 유엔평화활동을 통한 국제기구외교에 대한 논의를 통하여 중견국 한국의 외교력과 리더십에 관한 함의를 살펴보고자 한다. 특히 한국이 국제사회에서 서구-비서구 및 선진국-개도국 간 어떠한 "다리잇기bridge-building" 및 "규범구축norm-building" 역할을 할 수 있을지, 그리고 동북아에 있어 지역 양자대결구도를 다자협력틀을 통해 완화시키는 데 있어 어떠한 역할을 할 수 있을지에 대한 고찰을 목적으로 한다.

II. 한국의 국제기구 진출 및 국제기구 유치

1. 한국인의 국제기구 진출 현황 및 의의

다자협력을 제도화한 국제기구는 크게 국가간기구inter-governmental organization: IGO와 국제비정부기구international non-governmental organization: INGO로 구분할 수 있다. 매년 국제기구의 증감을 집계하여 발표하는 국제협회연합Union of International Association: UIA에 따르면 INGO는 1909년 176개에서 2013년 58,588개로 급증하였고, IGO도 37개에서 7,710개로 크게 늘었다.2) 193개 회원국을 보유한 세계 최대의 국제기구인 유엔사무국Secretariat은 본부(뉴욕)와 지역사무소(제네바, 비엔나, 나이로비) 및 경제사회이사회 산하의 지역위원회로 구성되어 있는데, 현재 4만 4천 명의 전문인력들(뉴욕본부 직원 6,500명 포함)이 직원으로 근무하고 있다.3)

---

2) Union of International Association(UIA), *Yearbook of International Organizations 2014-2015* (Herndon, VA: UIA).

3) United Nations Careers, "Where We Are," https://careers.un.org/lbw/home.aspx? viewtype=VD

2007년 반기문 유엔사무총장을 배출한 한국의 경우 1991년 유엔 가입 이후 1992년 단 한 명의 한국인 유엔사무국 근무자가 없었지만 지난 20년 동안, 특히 지난 몇 년 사이 크게 증가하여 2013년 12월 말 기준, 116명이 사무국 직원(유엔본부 57명 포함)으로 종사하고 있다. 이외에 유엔 산하기관에 근무하는 한국인도 늘고 있는데, 예를 들어 1992년 3명이었던 유엔아동기금UNICEF 한국인 직원은 2014년 13명으로 증가하였고, 같은 기간 국제원자력기구IAEA 한국인 근무자도 5명에서 30명으로 늘었다. 이는 2013년 한국의 유엔 정규분담률은 2000년 이후 크게 증가하여 전체 회원국의 13위(약 2%)이고 평화유지활동PKO분담률이 전체 12위인 등 유엔에 대한 재정적 기여와 무관하지 않다.4) 한국 정부는 분담금 규모의 증대에 상응하는 국제적 위상과 영향력 확대를 위해 국제기구 사무국의 아국민 직원 확대 및 주요 국제기구 고위직 진출, 그리고 국제기구 유치의 활성화를 적극 추진 중이다.

1996년 외교부(당시 외교통상부) 내에 국제기구인사센터를 설립하였고, 유엔 국별 경쟁시험NCRE 유치, 국제기구초급전문가JPO 제도 시행, 국제기구 채용정보 웹페이지 운영 등을 통해 아국민 국제기구 진출노력을 배가해왔다. 2012년 11월 기획재정부 정책조정국은 "국내 국제기구 유치현황과 추가 유치 활성화 방안"을 수립하여 발표하기도 하였다.5) 2013년 12월 말 기준, 1999년 17개 기구에 139명이었던 한국인 국제기구 인력은 2013년 12월 말 59개 기구에 480명으로 늘어났다. 유엔본부 57명의 종사자 이외에 유엔환

---

4) 유엔 연간 총 예산은 미화 28억 불가량의 정규예산과 미화 78억 불가량의 PKO 예산으로 이루어져 있다. 유엔회원국으로서 재정적 의무인 분담금으로 한국분담률은 2004~2006년도 1.796%에서 2007~2009년 2.173%, 2010~2012년 2.26%, 2013~2015년 1.994%이다. 이외에 한국은 2014년 유엔 전문기구(IAEA, UNESCO 등)와 정부간기구(OECE 등)의 회원국으로서 지난 의무분담금 625억을 납부하였고, 유엔산하기구 및 회의체(UNDP, UNHCR, OHCHR 등)의 사업운용 및 지역기구(ASEAN, OAS 등)와의 교류사업추진을 위한 국제기구 사업분담금으로 1,711억 원을 납부하였다. 외교부 유엔 자료실 "2014년도 국제기구분담금 예산 현황," 2014년 1월 10일, http://www.mofa.go.kr/trade/un/data/administrative/index.jsp?menu=m_30_60_20&tabmenu=t_3

5) 기획재정부, "국제기구 유치현황과 추가 유치 활성화 방안," 2012년 11월 21일, 보도자료.

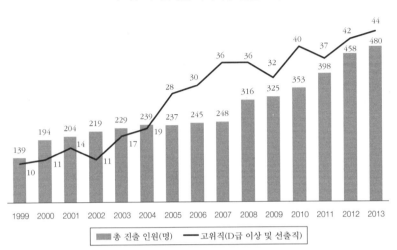

〈그림 1〉 한국인 국제기구 진출 현황

출처: 통계청, e-나라지표 부문별 지표, "우리국민의 국제기구 진출 현황," 2013년 12월, http://www.index.go.kr/potal/main/EachDtlPageDetail.do?idx_cd=1679

경계획UNEP 8명, 아태경제사회이사회ESCAP 14명, 유엔인권최고대표사무소 OHCHR 7명을 비롯하여 유엔사무국에 106명이 근무 중이며, UNESCO유엔교육과학문화기구 12명, UNICEF유엔아동기금 15명, WFP세계식량계획 11명, WHO세계보건기구 12명, ILO국제노동기구 9명, IAEA국제원자력기구 31명, OECD경제개발협력기구 12명 등 59개 기구에 총 480명이 근무 중이다(〈그림 1〉 참조). 고위직(D급 이상 및 선출직위원/재판관)은 1999년 10명에서 2013년 12월 말 총 44명으로 증가하였다(〈그림 1〉 참조). 반기문 총장 이외에 국제기구 고위직으로는 강경화 유엔인권고등판무관OHCHR 부대표, 송상현 국제형사재판소 ICC 소장, 백진현 국제해양법재판소ITLOS 재판관, 이재섭 국제전기통신연합 ITU 총국장, 그리고 2015년 승진한 김원수 유엔 군축고위대표(사무차장) 등이 있다. 또한 2003~2006년까지 재직하다 급서한 이종욱 세계보건기구 WHO 사무총장은 한국인 최초의 유엔 전문기구 선출직 사무총장이었다.[6]

이렇듯 아국민의 국제기구 진출이 확대되고 있는 것은 국제기구에서의

〈표 1〉	한국인 국제기구 사무국별 직원 현황, 2013년 12월

국제기구 사무국	한국인 직원(P급 이상)
유엔본부	57
ESCAP(아태경제사회이사회)	14
OHCHR(인권최고대표사무소)	7
UNEP(유엔환경계획)	8
UNDP(유엔개발계획)	8
FAO(유엔식량농업기구)	4
UNESCO(유엔교육과학문화기구)	12
UNICEF(유엔아동기금)	15
WFP(세계식량계획)	11
WHO(세계보건기구)	12
ILO(국제노동기구)	9
OECD(경제협력개발기구)	12
IAEA(국제원자력기구)	31
ITU(국제전기통신연합)	8
WTO(세계무역기구)	5
기타	267
총계	480

출처: 통계청, e-나라지표 부문별 지표, "우리국민의 국제기구 진출 현황," 2013년 12월, http://www.index.go.kr/potal/main/EachDtlPageDetail.do?idx_cd=1679

한국의 위상과 영향력을 반영할 뿐 아니라 한국인들의 국제기구 및 글로벌 이슈에 대한 관심 증가와도 관련이 크다. 특히 아국민의 국제기구 진출 확대 노력의 일환으로써 외교부(전 외교통상부)는 1996년 국제기구인사센터

---

6) 박흥순, "유엔가입 20년의 성과와 평가,"『국제평화연구』제4권(2011).

소다자주의 외교

다자주의(multilateralism)는 신자유제도주의 이론의 발전과 함께 주요한 학문적 담론으로 자리 잡은 개념이다. 로버트 코헤인은 다자주의를 3개 이상의 국가가 자신들의 국가정책을 조율하는 관행이라고 하였고, 존 러기는 어떤 특정상황에서 3개 이상의 국가가 특정 집단의 이해나 전략적 필요성에 관계없이 보편화된 행동원칙이나 규범에 기초하여 상호관계를 조정하는 제도적인 형태로 규정하였다. 한편, 다자주의의 일환으로 볼 수 있는 소다자주의(minimultilateralism)는 지역주의, 다자주의, 양자주의의 틀로 정의내리기 힘든 소수 국가들 간 협력을 일컫는다. 지역 내 공동위협이나 초국가적 중차대한 이슈들에 효과적으로 대처하거나 예방하기 위하여 소수의 유관국가들이 함께 협력하는 소다자주의적 협력(mini-multilateral cooperation)이 동북아시아와 같이 복잡한 역학관계로 인해 협력의 제도화가 힘든 지역에 있어 주요한 대안으로 떠오르고 있다. 예를 들어 한반도 평화와 북한 문제 전반을 위한 전통적인 협력관계로 한·미·일 3각공조를 유지발전시켜야 하고, 동북아 지역협력과 공동번영을 위한 한·중·일 협력, 북핵 문제를 다룰 때는 한·미·중 전략협력 전략을 동시다발적으로 가동할 필요가 있다. 이러한 협력의 틀은 유엔의 안보외교에 있어서의 한국의 입지나 역량제고에도 도움이 될 것이다.

를 설립하고, 국제기구초급전문가Junior Professional Officer: JPO 제도 시행, 유엔국별 경쟁시험National Competitive Recruit Examination: NCRE 유치, 국제기구채용정보 홈페이지www.unrecruit.go.kr 운영 등을 통하여 우리 국민의 국제기구 진출 기반을 강화하고 있다. 하지만 여전히 한국과 비슷한 규모로 유엔분담률을 부담하고 있는 호주, 네덜란드 등에 비해 유엔본부 진출이 상대적으로 미흡한 실정이다.[7]

---

7) 남정호, 『반기문, 나는 일하는 사무총장입니다』(서울: 김영사, 2014).

2. 한국의 국제기구 가입 및 유치: 성과와 과제

한국은 1991년 9월 17일 제46차 유엔총회에서 161번째 유엔회원국이 되었다.8) 남북대결로 인한 정치·이념적 문제로 인해 유엔가입이 힘들었지만, 한국은 1953년부터 IMF와 세계은행IBRD 가입을 모색하여 그 이듬해 정식회원국이 되고, 1966년 아시아개발은행ADB에 원 가맹국으로 가입하고 아시아태평양경제공동체APEC에도 1989년 창설과 더불어 회원국이 되었다. 유엔회원국으로 정식 가입하지 않으면 가입 시에만 자동으로 멤버가 되는 유엔산하기구Funds and Program에는 들어갈 수 없지만 유엔 전문기구specialized agency에는 가입이 가능하다. 예를 들어, 한국은 1949년 유엔식량농업기구FAO에, 1956년 세계기상기구WMO에, 1957년 국제원자력기구IAEA에,9) 1967년 유엔공업개발기구UNIDO에, 1988년 국제이주기구IOM에 각각 가입하였다. 또한 1950년 6월 14일 유네스코UNESCO 회원국으로 가입하였는데, 그 직후 한국전쟁이 발발하자 한국위원회를 설치하여 국내 유네스코 활동전개를 시작하였다.10)

국제사회의 원조국에서 공여국으로 변신한 한국은 유엔 PKO 활동, 2번의 안보리 이사국 진출, 56차 유엔총회 의장국 활동, 제8대 반기문 유엔사무총장 취임 등 유엔과 국제무대에서 그 국가적 입지와 다른 회원국들의 지지를 공고히 해왔다. 2015년 4월 현재 한국은 26개의 유엔11) 및 유엔 산하·전문·독립기구에 가입되어 있고(〈표 2〉 참조), 경제, 금융, 통상, 환경, 에너지, 이주, 외기권 등과 관련한 81개의 정부간기구OECD, APEC, ADB 등의

---

8) 남북한 동시 가입 형태로 회원국이 되었으며 가입순서는 국명 표기(영문 알파벳순)로 북한이 160번째, 한국이 161번째가 되었다.
9) 북한의 경우, 1974년 IAEA에 가입하였으나 핵무기프로그램 개발 이후 1994년 탈퇴하였다.
10) 유네스코한국위원회, "유네스코와 한국," http://www.unesco.or.kr/about/sub_05.asp
11) 유엔산하기구는 유엔 회원국으로 가입되는 경우 자동으로 회원국이 되기 때문에 별도로 집계하지 않는다.

회원국이다(〈표 3〉 참조).[12]

한편, 한국 최초의 국제기구는 1951년 설립된 부산에 소재한 유엔기념 공원^{UN Memorial Cemetery in Korea: UNMCK}이다. 세계 유일의 유엔군 묘지인 UNMCK는 한국전쟁 유엔군 전몰장병 유해가 안장되어 있는 곳으로 1959년 11월 유엔기념묘지로 출발하여 유엔한국통일부흥위원단^{UN Commission for the Unification and Rehabilitation of Korea: UNCURK}에서 관리하다가 1974년 UNCURK 해체를 계기로 유엔기념공원 국제관리위원회^{Commission for the UNMCK}가 관리를 맡게 되었고, 1975년 공식명칭을 재한 유엔기념묘지에서 재한 유엔기념 공원으로 변경하였다.[13] 하지만 UNMCK 설립 이후 반세기가 다 되도록 국제기구를 유치하지 못하였다.

국제사회에서 경제적·외교적 역량이 강화되고 국가인지도가 높아짐에 따라 한국 정부는 국제기구 유치를 위해서도 적극적인 방안을 모색하기 시작하였고, 2000년대 들어서면서 점차 유치가 이루어지게 되었다. 이후 중앙정부 차원에서뿐 아니라 언론과 지방자치단체 등을 중심으로 국제기구 유치에 대한 관심과 노력도 배가되고 있는 상황이다.[14] 대표적인 예로 인천시의 경우, 2008년 국제기구 유치 태스크포스팀^{TFT}을 만들어 유엔산하기구 및 국제회의 유치를 위한 구체적 노하우에 대한 자문 및 접근 전략을 모색해왔으며, 2013년 12월 세계은행 한국사무소가 송도에서 출범하였다.[15] 서울시는 2011년 말 "서울시 글로벌도시 촉진조례" 개정안을 통과시키고 2012년을 "국제기구 중점 유치의 해"로 공표하여 일자리 창출과 해외자본의 국내투자를 늘리고자 힘써왔으며, 실제로 세계변호사협회 아시아본부, 국제중재센터 등 국제기구들을 유치하였다.[16] 제주특별자치도도 2005년 세계평화의 섬으로 지정된 이

12) 북한은 16개의 유엔기관, 16개의 정부간기구에 가입되어 있다.

13) 사이버 유엔기념공원, "역사," http://unmck.or.kr/kor_un_01_1.php

14) 기획재정부(2012).

15) "인천시, 국제기구 유치 TF 팀 운영,"『시사인천』, 2008년 1월 22일, http://www.bpnews.kr/news/articleView.html?idxno=7944

16) "서울시, 국제기구 유치에 발 벗고 나선다,"『머니투데이 뉴스』, 2012년 1월 19일,

후 국제자유도시 육성의 일환으로 국제기구 유치에 노력해왔고 유엔훈련연구기구UNITAR와의 제휴 협력하에 UNITAR 제주국제연수센터JITC/CIFAL Jeju를 2010년 설립하여 아시아태평양지역 개도국을 대상으로 환경, 개발, 인간안보, 관광 분야 등과 관련한 연수프로그램을 시행해왔고,17) 유엔국제환경계획UNEP과 세계자연보전연맹IUCN 주관으로 10년에 한 번 개최되는 국제보호지역 관련 세계 최대 회의인 "2014년 세계공원총회"를 유치한 바 있다.18) 부산시도 유엔개념공원, APEC 기후센터, APEC e-러닝 연수센터, 북서태평양 보전실천계획NOWPAP 사무국, UNICEF 부산연락사무소 등에 이어 2017년까지 국제기구인 한-아세안센터 부산사무소를 세워 동남아문화원을 세우게 되었다.19) 이와 같이 한국에 유치되어 운영 혹은 관리되고 있는 국제기구 수는 2010년 27개, 2011년 33개, 2012년 43개 등 꾸준히 증가추세에 있다.20)

국제기구 지역사무소나 협력기관이 아닌 국제기구 본부의 경우, 1997년 유엔개발계획UNDP의 주도하에 국내최초로 국제백신연구소IVI가 서울대학교를 중심으로 유치되어 20개국 140여 명의 상주직원이 근무하고 있다. 그 이후 13년 후인 2010년 두 번째 국제기구인 글로벌녹색성장기구GGGI가 서울에, 2012년 녹색기후기금GCF이 세 번째로 인천 송도에 수립되었다. 이러한 국제기구들을 국내에 유치할 경우, 일자리 창출이나 경제활성화, 그리고 국제이미지 제고 등의 다양한 부수효과를 거둘 수 있다. 또한 지구촌 평화와 번영을 위한 기여와 나눔의 측면에서 국익 제고뿐 아니라 국력에 걸맞은

---

http://www.mt.co.kr/view/mtview.php?type=1&no=2012011914098242109&outlink=1

17) UNITAR, *UNITAR Jeju International Training Center: Building Capacities for Sustainable Future* (Jeju: cifal JITC Jeju, March 2015).

18) "제주, 환경분야 국제기구 동반자로 성장," 『한라일보』, 2014년 11월 14일, http://m.ihalla.com/article.php?aid=1415951521481210073

19) "부산시, '국제기구 유치' 탄력… '일자리 창출' 기대," 『NEWSIS 부산』, 2014년 10월 24일, http://www.newsis.com/ar_detail/view.html?ar_id=NISX20141024_001325 2213&cID=10811&pID=10800

20) 기획재정부(2012). 2013년과 2014년 국내유치 국제기구 수를 조사하고자 하였으나 외교부, 기획재정부, 통계청 등의 공식자료에서 찾지 못해 포함시키지 못하였다.

국제사회에의 책임 배가에도 도움이 된다. 이에 더하여 국제기구 유치는 국제네트워크를 활성화하는 좋은 기회가 되는데 유치과정에서 되도록 많은 국가들에게 한국을 알리는 것뿐 아니라 지지국가들과 비전과 정책을 공유하는 기회를 확대할 수 있다.[21] 일단 유치가 확정되어 운영이 시작되면 국제기구는 여러 회원국가들로부터 제공되는 물적, 인적 자원을 토대로 다양한 국제회의나 국제원조활동 등의 국제협력업무를 추진해나가는 고도의 서비스업을 수행하게 된다. 이러한 과정은 세계의 고급인력과 외자가 유입되고 국내서비스산업 발달과 내수활성화로 국내의 경제적, 사회적 발전에도 기여할 것이다. 한 예로 국제기구가 밀집해있는 스위스 제네바의 경우 전체 인구의 40%가 국제기구 근무인력과 그 가족이며, 2013년 상주 국제기구들의 지출비용(약 6조 4,000억 원)은 제네바 총생산^{GDP}의 11%에 달하였다.[22]

하지만, 국제기구를 유치하고 성공하기 위해서는 안정적인 재원확보, 세계 유수의 국제기관들과의 효과적인 네트워킹, 국제기구 외국종사자들에 대한 사회적 배려와 관심 등이 수반되어야 하고,[23] 범정부차원의 국제기구 유치를 위한 체계적, 전략적 접근이 필요하다. 무엇보다 유치 이후 재원확보가 중요하다. 기후변화대응을 위해 미화 1,000억 불에 달하는 재원을 조성하기로 한 바 있는 GCF 사무국의 경우, 설립 당시 300~500명의 상주직원과 연간 100여 회 이상의 국제회의 개최를 목표로 하였으나 현재 46명만이 근무하고 있으며 공여를 망설이는 선진국들을 지속적으로 설득하고 민간투자를 확충해야 하는 과제를 안고 있다.[24]

둘째, 보다 적극적으로 국제기구의 추가유치를 모색하는 동시에 상주인력의 규모를 확대하는 것도 고려되어야 한다. 2012년 기준 국제기구 사무국

21) 박흥순, 『국제기구론: UN, 다자외교, 한국』(선문대학교출판부, 2015).
22) 조동성, "국제기구 유치하고 성공하기," 『한국일보』, 2014년 5월 20일, http://www.hankookilbo.com/m/v/51c9cbc6d2224f2bba56d352996569ca
23) 조동성(2014), *ibid.*
24) Green Climate Fund(GCF), "Background," http://www.gcfund.org/about/the-fund.html

수가 미국(3,646개), 벨기에(2,194개), 프랑스(2,079개), 영국(2,048개), 이
탈리아(1,072개), 일본(270개), 태국(133개), 싱가포르(86개), 필리핀(75개)
과 비교할 때 아시아 국가들 사이에서도 한국의 국제기구 수(43개)는 너무
적은 실정이다. 현재 유치경쟁 중인 국제기구들이나 국내 유치를 희망하는
국제기구들을 발굴하고 범정부적 노력과 범국민적 지지를 모아 다양한 루트
를 통해 유치 저해요인을 줄이고 국제네트워킹을 확대하는 노력을 기울일
필요가 있다. 더욱이 2012년 말 국내에 유치된 국제기구 43곳 중 10명 이상
의 상주인원을 보유한 곳은 11곳에 불과하고, 73% 이상이 10명 이하의 소
규모 국제기구이다.[25]

　한국이 비교우위를 가지고 특화할 수 있는 분야를 적극 개발하여 선택과
집중 및 홍보를 통해 국제기구 추가 유치 및 국제 고급 상주인력 확충을
위한 방안을 동시에 추구해야 한다. 이를 위해 벨기에, 스위스, 오스트리아
와 같은 중견국들의 유치 성공사례를 면밀히 검토할 필요가 있다. 벨기에의
경우 정부차원의 파격적인 인센티브와 지원체계를 통해 최대한 많은 국제기
구를 유치하는 전략을 적극 추진하여 미국 다음으로 국제기구 본부와 사무
국 수를 많이 보유한 나라가 되었다. 스위스는 1개의 국제기구가 3~4개의
글로벌기업에 버금가는 파급효과가 있다고 강조하면서 제2차 세계대전 이
후 국제기구들이 설립될 때부터 중립국, 중재자 등의 국가이미지를 제고하
여 유엔 유럽본부UN Office in Geneva: UNOG, 세계무역기구WTO, 유엔난민고등
판무관실UNHCR, 세계지식재산권기구WIPO와 같은 굵직한 유엔기구들을 유
치하고 있다.[26] 보다 적극적인 국제기구 유치 노력과 더불어 한국이 정부나
민간차원에서 해야 할 것은 다자주의, 중재와 이해조정, 세계인도적 위기상
황에의 물적·인적 기여, 인류보편적인 규범옹호 및 선도 등 국제적 리더십

25) "대형 국제기구 하나가 글로벌기업 서너 개 효과," 조선일보 이코노미플러스, 스페셜리
　　포트, 2013년 2월, 100호, http://economyplus.chosun.com/special/special_ print.
　　php?t_num=6807&tableName=article_2005_03&boardName=C01&t_ho=100&t_y
　　=2013&t_m=02
26) *Ibid.*

중견국외교

중견국이란 관계적 의미에서 "중간적(middle)" 상태에 놓인 국가, 그리고 국제정치에서 총체적 국력이 강대국 반열에 끼지는 못하지만 특정 영역에서 상당한 영향력을 발휘하는 국가를 일컫는다. 북구 유럽 국가들이나 캐나다, 호주 등과 같이 군사력과 같은 전통적 안보영역에서는 주목받지 못하지만, 규범, 문화, 국제사회에의 공헌, 국가이미지와 같은 연성권력 측면에서는 월등한 위치에 있는 나라들이 중견국으로 분류된다.

중견국외교란 크게 3가지로 특징지어질 수 있다. 첫째, 글로벌 이슈와 새로운 국제규범형성 과정에 참여하여 건설적이고 다양한 의견을 적극적으로 제시하고 국제평화활동이나 구호활동 등 국제사회에 직접 기여하는 기회를 통해 촉진적(catalytic) 역할을 하는 것으로 이는 가장 일반적인 "중견국으로서의 외교"를 일컫는다. 둘째, 유사한 가치와 생각을 공유하고 역량이 비슷한 국가들 간 신뢰와 상호이해 및 유대감을 증진하여 특정한 글로벌 혹은 지역이슈에 대해 중견국 간의 연합을 모색하는 "중견국을 대상으로 하는 외교"인데, 중견국으로서의 외교가 개별 국가로서 추진하는 것과 구별된다. 셋째, 다른 중견국과 힘을 합쳐 유엔이나 여타 국제기구의 적실성 및 다자주의의 필요성 등을 강조하고 강대국이 선점해온 주요 글로벌 이슈들에 대한 결정에 있어 문제해결 접근방식이나 규범생성 등을 통해 중견국으로서의 입지와 역할을 확대해나가는 "중견국과 더불어 하는 외교"이다.

을 제고하는 노력을 장기적인 안목을 갖고 꾸준히 추구하는 일이다. 또한 유치가 확정된 후에는 기구의 조속한 출범을 위해 정부차원에서 의료나 교육 등과 관련한 외국인 정주여건 제도를 재정비하고, 사회인프라를 개선하고, 운영 중인 국제기구에 대해서는 중앙정부와 지방자치단체 간의 긴밀한 공조를 통해 필요한 재원과 인력을 제공하는 등 체계적인 지원과 관리가 중요하다.

요약하면, 급변하는 복잡한 국제정세를 냉철하게 읽고 한국의 역할을 규명해야 한다. 국가역량을 정확하게 판단하지 않고, 과시적 성과나 수사적

| 〈표 2〉 | 한국의 유엔 및 유엔 산하·전문·독립기구 가입 현황(2015년 4월) | |

기구명	가입연도	소재지
국제연합(UN)	1991	뉴욕
세계보건기구(WHO)	1949	제네바
유엔식량농업기구(FAO)	1949	로마
만국우편연합(UPU)	1949	베른
유엔교육과학문화기구(UNESCO)	1950	파리
국제전기통신연합(ITU)	1952	제네바
국제민간항공기구(ICAO)	1952	몬트리올
국제통화기금(IMF)	1955	워싱턴
국제부흥개발은행(IBRD)	1955	워싱턴
국제개발협회(IDA)	1961	워싱턴
국제금융공사(IFC)	1964	워싱턴
국제투자보증기구(MIGA)	1988	워싱턴
국제투자분쟁해결본부(ICSID)	1967	워싱턴
세계기상기구(WMO)	1956	제네바
국제해사기구(IMO)	1962	런던
유엔공업개발기구(UNIDO)	1967	비엔나
세계지적재산권기구(WIPO)	1979	제네바
국제농업개발기구(IFAD)	1978	로마
국제노동기구(ILO)	1991	제네바
세계관광기구(UNWTO)	1957	마드리드
세계무역기구(WTO)	1995	제네바
국제원자력기구(IAEA)	1957	비엔나
제네바 군축회의(CD)	1996	제네바
유엔아태경제사회위원회(ESCAP)	1954	방콕
유엔중남미카리브경제위원회(ECLAC)	2007	칠레
유엔무역개발회의(UNCTAD)	1965	제네바

주(註): 유엔산하기구인 UN Funds 및 UN Programs은 유엔 회원국이 되면 자동적으로 모두 회원
국이 되는 기관이므로 표기하지 않음

출처: 외교부 유엔자료실, "남북한 국제기구 가입 현황," 2015년 3월, http://www.mofa.go.kr/trade/
un/data/general/index.jsp?mofat=001&menu=m_30_60_20&sp=/webmodule/htsboard
/template/read/korboardread.jsp%3FtypeID=6%26boardid=89%26tableName=TYPE_D
ATABOARD%26seqno=354370

〈표 3〉	한국의 정부간기구 가입 현황(2015년 4월)	

기구명	가입연도	소재지
경제협력개발기구(OECD)	1996	파리
아시아·태평양경제협력체(APEC)	1989	싱가포르
아시아개발은행(ADB)	1966	필리핀
유럽부흥개발은행(EBRD)	1990	영국
아프리카개발기금(AfDF)	1980	코트디부아르
아프리카개발은행(AfDB)	1982	코트디부아르
동남아중앙은행기구(SEACEN)	1990	쿠알라룸푸르
동남아·뉴질랜드·호주 중앙은행기구(SEANZA)	1966	호주
아시아·태평양개발센타(APDC)	1982	쿠알라룸푸르
국제백신연구소(IVI)	1997	서울
유엔기념공원(UNMCK)	1959	부산
국제무역센터(ITC)	1964	제네바
국제결제은행(BIS)	1997	스위스바젤
세계관세기구(WCO)	1968	벨기에
아시아생산성기구(APO)	1961	동경
아시아·아프리카법률자문기구(AALCO)	1974	뉴델리
아프리카·아시아농촌개발기구(AARDO)	1963	뉴델리
아시아·태평양지역식물보호위원회(APPPC)	1981	방콕
아시아·태평양우편연합(APPU)	1961	마닐라
아시아·태평양전기통신협의체(APT)	1979	방콕
국제의회연맹(IPU)	1964	제네바
FAO/WHO 국제식품규격위원회(CAC)	1970	로마
콜롬보플랜(Colombo Plan)	1962	스리랑카
동부지역공공행정기구(EROPA)	1962	마닐라
국제교육국(IBE)	1962	제네바
국제도량형국(IBWM)	1959	프랑스
지구환경금융(GEF)	1994	워싱턴
국제납·아연연구그룹(ILZSG)	1987	포르투갈
상품공동기금(CFC)	1982	제네바

섬유수출개도국기구(ITCB)	1984	제네바
화학무기금지기구(OPCW)	1997	헤이그
아시아채소연구개발센타(AVRDC)	1971	대만
국제면화자문위원회(ICAC)	1954	워싱턴
대서양참치보존위원회(ICCAT)	1970	마드리드
국제문화재보존복구연구센타(ICCROM)	1968	로마
국제이동위성기구(IMSO)	1985	영국
국제전기통신위성기구(INTELSAT)	1967	워싱턴
정부간해양학위원회(IOC)	1961	파리
국제수로기구(IHO)	1957	모나코
아시아·태평양수산위원회(APFIC)	1950	방콕
중서대서양수산위원회(WECAFC)	1974	바베이도스
중동대서양수산위원회(CECAF)	1968	가나 아크라
중서부태평양수산기구(WCPFC)	2004	미크로네시아 (폰페이)
인도양참치위원회(IOTC)	1996	세이쉘
중부베링해명태자원보전협약(CBSPC)	1995	밴쿠버
북서대서양수산기구(NAFO)	1993	캐나다
남극해양생물자원보존협약(CCAMLR)	1985	호주
국제법정계량기구(OIML)	1978	파리
국제포경위원회(IWC)	1978	영국
북태평양해양과학기구(PICES)	1995	캐나다
국제이주기구(IOM)	1988	제네바
국제포플러위원회(IPC)	1973	로마
국제사탕기구(ISO)	1993	영국
국제사법통일국제연구소(UNIDROIT)	1981	로마
국제수역국(OIE)	1953	파리
국제곡물이사회(IGC)	1953	런던
국제열대목재기구(ITTO)	1985	일본
세계박람회기구(BIE)	1987	파리
국제해저기구(ISA)	1995	멕시코
외기권평화적이용위원회(COPUOS)	1994	오스트리아

상설중재재판소(PCA)	2000	헤이그
국제에너지기구(IEA)	2002	파리
국제식품신품종보호연맹(UPOV)	2002	제네바
미주개발은행(IDB)	2004	워싱턴
아시아교류 및 신뢰구축회의(CICA)	2006	알마티
법을 통한 민주주의 유럽위원회(베니스위원회)	2006	벨기에
국제미작연구소(IRRI)	1991	필리핀
아시아에서 선박에 대한 해적활동 퇴치를 위한 지역협력협정 정보공유센터(ReCAAP ISC)	2006	싱가포르
국제유류오염보상기금(IOPC Funds)	1998	영국
포괄적핵실험금지조약기구(CTBTO)	1999	오스트리아
아태식량비료기술센터(FFTC)	1970	대만
남방참다랑어보존위원회(CCSBT)	2001	호주
금융안전위원회(FSB)	2009	바젤
바젤은행감독위원회(BCBS)	2009	바젤
국제재생에너지기구(IRENA)	2011	U.A.E
글로벌녹색성장연구소(GGGI)	2012	한국
북태평양소하성어류위원회(NPAFC)	2003	밴쿠버
전미열대참치위원회(IATTC)	2005	미국 라호야
남동대서양수산기구(SEAFO)	2011	나미비아 (월비스베이)
남태평양지역수산관리기구(SPRFMO)	2012	웰링턴

출처: 외교부 유엔자료실, "남북한 국제기구 가입 현황," 2015년 3월, http://www.mofa.go.kr/trade/un/data/general/index.jsp?mofat=001&menu=m_30_60_20&sp=/webmodule/htsboard/template/read/korboardread.jsp%3FtypeID=6%26boardid=89%26tableName=TYPE_DATABOARD%26seqno=354370

효과를 위해 국제사회가 벌이는 많은 구호, 원조, 평화유지활동에 참여한다거나 이니셔티브를 취하는 것은 옳지 않다. 새로운 국제활동이나 국제기구 유치를 위한 노력도 중요하지만, 현재 수행 혹은 운영 중인 프로그램이나 기구가 중건국 한국이 추구하는 방향과 국력에 부합하는지에 대한 재평가도 필요하다.

III. 한반도와 동북아 안보, 그리고 국제기구의 역할

1. 동북아질서의 불확실성과 한국의 소다자주의 외교의 필요성

냉전 이후 미국의 헤게모니적 영향력이 강했던 동북아 정세는 21세기 들어 중국의 부상과 일본의 보통국가화, 러시아의 공세적 행동 등 4강의 "제국에 대한 향수nostalgia for empire" 현상으로 패권경쟁, 세력각축, 세력전이 등의 복잡하고 불확실한 양상을 띠게 되었다. 문제는 이러한 현상이 지역공동체나 국제사회는커녕 이웃국들에 대한 배려나 이해조차 없이 동시다발적으로 일어나면서 역내 국가들 간 양자갈등이 증폭되었다.[27] 북한 핵 문제와 기습도발 혹은 급변사태 발발 가능성, 한·일, 중·일 간 영토와 역사 문제를 둘러싼 갈등, 민족주의 강화 추세, 미국의 아시아회귀정책과 중국의 아시아인프라투자은행AIIB, 일대일로一帶一路 프로젝트로 대변되는 신형대국관계 건설 전략이 맞물린 미·중경쟁의 심화, 그리고 우크라이나 사태를 계기로 가시화된 미·러 대립과 마찰 등으로 역내 정세의 불안정성과 불확실성이 커지고 있다.

이러한 상황에서 지난 몇 년 사이 미·중 사이에서 한국이 어떠한 외교정책을 구사해야 하는지에 대한 정부의 전략적 고심과 전문가들의 갑론을박이 이어졌고 여론도 균형외교, 동맹중시, 자주외교 등으로 갈려 해법 마련이 요원한 듯 보인다. 북한 문제는 한반도를 비롯한 동북아 안보에 직접적인 위협이 되고 있고 이를 위해 미국과 중국의 분명한 대북정책이 급선무인데, 북한의 핵실험과 친중파 장성택의 숙청 등으로 중·북관계가 다소 소원해지고 있고, 우크라이나 사태나 이슬람 극단주의 무장세력인 IS이슬람 국가 문제

27) Hong Koo Lee, "Nostalgia for Empire, Yearning for Democracy and Global Governance," Synopsis for Dinner Spech at the Trilateral Commission, April 25, 2015, The National Assembly, Seoul.

등으로 미국의 북한에 대한 우선순위가 밀리고 있다는 지적이 있다. 물론 미·중관계는 미소 이념 분쟁기와 같이 제로섬적이지는 않다. 경제적으로는 협력하고 정치군사적으로는 각을 세우는 복잡한 관계 속에서 상황별, 이슈별 이해관계에 따라 경쟁과 협력을 오갈 것으로 보인다. 최근 "강력하고 지속가능하며 없어서는 안 되는 리더십strong and sustainable, indispensable leadership 을 강조한 미국의 국가안보전략에서 살펴볼 수 있듯이 미국은 경제회복에 대한 자신감을 토대로 자신들이 지속적으로 세계를 주도해야 한다는 신념을 표명하고 있다.[28]

이러한 맥락에서 미국의 상대적 영향력 축소를 가져올 수 있는 중국의 부상을 견제하기 위해 대중, 대러시아, 대북 강경기조를 견지할 수 있다. 하지만 러시아와의 대결상황이 가열되고 있는 미국의 입장에서 볼 때, 중국과의 협력적 관계는 긍정적·부정적 측면을 둘 다 내포하고 있는 듯하다. 미국 측에서 볼 때는 현재 러시아와의 외교전에 전력투구하기 위해서는 미·중협력이 필요하겠지만, 이 과정에서 동북아 지역에서 중국의 외교적 영향력이나 입지가 공고히 되는 계기가 마련되거나 러시아와의 무력충돌이 발생할 시 중국이 러시아와 협력할 개연성을 배제할 수 없다는 딜레마가 있을 것이다. 더욱이 미국의 입장에서는 미·러관계가 물리적 충돌을 불사한 갈등으로 치달을 경우, 중국이 러시아와 협력할 수 있는 최악의 시나리오도 배제할 수 없을 것이다. 2015년 5월 일본 아베 수상의 방미를 계기로 한층 강화된 미일동맹과 한미일 안보국방협력의 확대 노력을 위한 미국의 중재자 노력을 두고 중국견제가 그 목적이라는 분석이 많은 이유도 미·중의 패권경쟁의 가능성을 염두에 둔 것이다. 어떤 시나리오가 동북아국제관계에 현실로 다가설지는 미지수이지만, 미국 주도의 동북아질서가 미·중 양자간 복잡한 전략적 이해관계 및 우크라이나 사태와 같은 역외의 예기치 않은 요소들로 인하여 많은 유동성과 불확실성을 갖게 된 것은 사실이다.

---

28) The White House, *National Security Strategy* (Washington: the White House, February 2015).

  이렇듯 미·중, 미·러, 중·일, 미·중·일 간 서로 복잡하게 얽혀 있는 동
북아 세력전이 상태에서 새우나 샌드위치 상황으로 종종 묘사되는 한국이
하드파워적인 면에서 주도적 역할을 수행하는 것은 극히 어렵거나 불가능하
다. 한미동맹과 한국의 최대 무역국인 중국 사이에서 한국이 중립적 태도를
갖는다는 것은 가능한 일도 아니고, 특히 북한의 위협 및 한반도 유사상태를
감안할 때 위험한 선택일 수밖에 없다. 동맹관계와 전략적 협력관계를 일직
선상에 두고 한 치의 오차도 있어서는 안 되는 국가안보 문제를 가늠할 수
는 없기 때문이다. 특히 북한과의 현재 친밀도 여부를 떠나 중국은 북한체
제의 안정을 대북정책의 가장 중요한 기조로 삼고 있기 때문에 미국과 의견
이 갈라질 수밖에 없다. 미·중관계가 좋은 경우에는 상반된 대북접근에 대
한 대화를 이어나갈 수 있겠지만, 양국이 긴장관계에 놓이게 되면 한반도를
둘러싸고 한-미와 북-중이 대립구도를 형성하게 될 우려도 있다. 따라서 한
국은 경직된 대북정책에서 벗어나 보다 유연한 접근으로 남북관계의 돌파구
를 찾음으로써 한국의 북한 문제에 대한 입지와 영향력을 제고해야 하는데,
그 역시 북한의 협조가 거의 불가능한 상태이다.
  더욱이 침략역사에 대한 일본의 반성하지 않는 외교행태로 인한 한·일
갈등은 일본이 한국의 '중국경사론'에 불만을 표출하면서 더욱 관계가 불편해
져 한미일 삼각공조에까지 부정적인 영향을 끼치게 되었다.[29] 하지만 일본과
한국은 "가장 중요한" 이웃국가로서 양국 간 경제협력, 인적·문화적 교류,
초국가적 위협에 대한 공동대처, 세계인도주의적 위기에 관한 공동기여 등
미래지향적으로 협력해야 할 아젠다가 많다. 이러한 기능적 협력functional
cooperation 이외에도 한·일 양국 간 북한도발과 한반도 급변사태에 따른 공동
대처라는 안보적 협력을 굳히는 것도 중요하다. 이를 위한 한미일 공조도
중요하지만, 한·일 간 양자 안보협력도 건설적으로 추진해야 할 시점이다.
  한중일관계의 경우 2008년 어렵사리 출범한 3국 정상회담이 일본과의 과

---

29) "'한국피로감'·'中경사론'… 日 '외교프레임'에 갇힌 韓외교,"『문화일보』, 2015년 3월
   30일.

거사 및 영토갈등 문제 등으로 2013년 이래 열리지 않고 있다. 정상회담이 개최된 경우도 주로 경제, 과학기술, 환경과 같은 연성이슈에 대해 논의하였을 뿐이었다. 북핵 문제나 천안함 사건, 대만 문제, 남지나해 문제 등 정치군사적 의제는 3국의 상충되는 이해관계와 우선순위로 인해 회피하거나 의제로 상정이 되어도 원론적인 수준에서만 논의가 이루어졌다.[30] 3국의 이러한 기능주의적 협력모색은 정치군사적 문제나 역사이슈를 해결하는 디딤돌이 되지 못했을 뿐 아니라 역으로 정치적·역사적 반목이 그동안 어느 정도 가시적 성과를 거두어온 기능적 영역에서의 협력마저 훼손시키는 상황을 초래하고 있다.

최근 중국은 북한 비핵화뿐 아니라 대북 경제정책에 대한 자신들의 영향력이 약화되는 것을 우려하고 제한적이나마 한국·미국과의 공조가능성을 보이고 있다.[31] 중국의 이러한 태도가 대북정책의 근본적 변화를 가져올 것이라고 보는 시각은 적지만, 적어도 한중일 3국이 기능주의적 협력을 넘어서는 대북관련 전략적 대화를 할 여건은 조성된 것으로 보인다. 3국 간 회동에서 한국이 협력의 중재자나 중간자 역할을 수행해야 한다는 목소리도 있지만, 박근혜 정부 들어 한일 정상회담도 개최하지 못하고 있는 이 시점에서 양자관계가 개선되기 전에는 한국이 외교적 영향력을 행사하는 것은 불가능해 보인다. 설혹 양국 간 갈등이 완화되고 한국의 "다리놓기^bridging" 역할에 대해 중일이 대체적으로 수긍한다 해도 중차대한 정치안보이슈에 대해 한국이 중재역할을 하는 것은 꺼려할 것으로 보인다.

그럼에도 불구하고 동북아 다자간 협력체제 구축을 통한 갈등과 분쟁구조를 완화시켜야 한다는 필요성은 높아지고 있다. 한국이 역내 제반 문제들

---

30) "중국, '천안함' 한 배 올라타긴 했지만 ⋯ 여전히 '만만디'," 『세계일보』, 2010년 5월 31일, http://www.segye.com/content/html/2010/05/30/20100530002095.html

31) "Fire on the City Gate: Why China Keeps North Korea Close," International Crisis Group, Media Release, Dec. 9, 2013, http://www.crisisgroup.org/en/publication-type/media-releases/2013/asia/fire-on-the-city-gate-why-china-keeps-north-korea-close.aspx

을 풀어나가는 책임있는 중견국으로서의 위치를 재정립하기 위해서는 지역
다자안보협력을 증진하는 데 적극적인 역할을 해야 할 것이다. 특히 지역과
국제사회의 위기상황 극복을 위한 양자간뿐 아니라 다자간 긴밀하고 지속적
인 노력을 통해 협력기회와 습관을 늘리고 신뢰를 증진할 필요가 있다.[32)
이러한 과정을 관련 국가들 간 잘못된 상호인식을 불식시키고 미래지향적인
협력을 확대하는 촉매적인 기회로 삼을 필요가 있다. 우선, 미·중, 중·일
간 패권경쟁구도와 이해관계대립, 역사와 영토 문제로 인한 한·일, 중·일
간 갈등, 미국의 동북아 중재자로서의 역할 중요성 등을 고려할 때 "소다자
주의적minilateralism-based" 한미일 공조강화 및 한중일 관계개선을 통해 대립
구도를 완화시키는 것이 시급하다.[33)

2. 동북아 주요국의 유엔평화활동과 중견국 한국의 과제

지난 20년간 한국과 일본은 각각 유엔평화유지활동에 상당한 재정적, 인
적 기여를 해왔다. 제2차 세계대전 패전국의 멍에를 벗고 경제대국으로 부
상한 일본은 전쟁·무력행사 포기와 군대보유를 금지하는 헌법하에 비군사
영역에서 국제사회의 존경을 획득하는 데 많은 경제력과 외교력을 기울였
다. 특히 환경 문제나 인간안보human security와 같은 국제이슈에서 선도적인
위치를 차지하여 소프트파워 측면에서 강대국으로서의 위상을 제고하고자
노력해왔다. 유엔의 요청으로 1989년 나미비아에, 1990년 니카라과에 각각
선거감시요원을 파견하기도 하였다. 하지만 1991년 걸프전 당시 다국적군
작전 지원을 위해 미화 130억 불을 쾌척했음에도 불구하고 감사는커녕 인력
이 아닌 현금제공만 했다는 국제사회의 비난을 받으면서 경제력, 국가역량

---

32) 김영철·박창건, "외환위기 이후 동아시아 지역주의: 한·중·일 3국을 중심으로," 『한
국과 국제정치』 제21권 3호(2005년 가을).
33) 윤영관, "남북한 관계와 동북아 다자협력," 동아일보 창간 81주년 기념 한중일 국제학
술회의, 『동북아시아의 평화와 협력』 발표논문, 2001년 4월 13일.

에 부합하는 군사력의 필요성을 강조하는 '보통국가론'이 일본 내에서 힘을 얻게 되었다. 1989년 나미비아의 1992년 PKO 자위대의 무력사용법을 통과시키고, 유엔 캄보디아임시행정기구^{UNTAC} 참여를 시작으로 유엔 PKO나 비전투적 해외군사작전 수행을 위해 자위대를 파병하기 시작하였다. 모잠비크, 자이레, 골란고원, 동티모르, 네팔, 남수단과 같은 지구촌 분쟁지역에서 국제평화협력 임무를 수행해왔다.[34] 이러한 임무를 수행하기 위해 자위대나 지원요원을 파견할 때마다 임시적 방편으로 새로운 법안을 제정해야 했는데, 종종 국내적 논란으로 인해 자위대 파견에 상당한 시간이 걸리곤 하였다. 2015년 6월 현재 일본국회는 국제협력활동에 자위대를 보다 용이하게 파견할 수 있는 법적 근거를 마련하기 위한 법안을 통과시킬 계획을 추진하고 있다.[35]

글로벌 이슈를 다루는 데 있어 일본은 미국과 비교할 때 다자적 방식을 선호해왔다. 일본의 유엔외교는 크게 안보리 개혁을 향한 회원국들의 의견 합의를 형성하여 자국의 안보리 상임이사국 진출을 도모하고, 국제적 이슈에 대한 정책수립과 관리에 대해 적극적으로 관여하고, 유엔 PKO 임무 및 인도주의적 구호·지원활동을 확대하고, 자위대 파견을 통한 국제평화협력에 주도적으로 동참하고, 인간안보를 향상시키기 위한 "인간안보기금^{Human Security Fund}"의 실시를 강화하는 것 등을 목표로 삼아왔다.[36] 이외에도 일본은 분쟁뿐 아니라 자연재해의 피해그룹을 위한 유엔 인도적 기금에 상당한 재정적 기여를 해왔는데, 2006~2015년 동안 유엔중앙긴급대응기금^{CERF}과 유엔평화구축기금^{PBF}에 각각 2,295만 불(세계 17위), 4,250만 불(세계 4위)

---

34) Reinhard Drifte, *Japan's Foreign Policy in the 1990s: From Economic Superpower to What Power?*(New York: St. Martin's Press, 1996).

35) Ministry of Foreign Affairs of Japan, "Japan's Contribution to UN Peacekeeping Operations," May 14, 2015, http://www.mofa.go.jp/policy/un/pko/

36) 일본외무성의 2005년 외교기본방향을 "일본의 외교정책," 『이슈 라이브러리』에서 재인용함. http://www.agendanet.co.kr/zb41pl7/bbs/view.php?headfile=&footfile=&id =dip_sub1&page=4&no=37

을 제공한 바 있다.[37]

한국의 경우 1993년 제2차 유엔 소말리아 임무^{UNOSOM II}에 상록수부대와 민간요원을 파견하였으며, 지난 22년 동안 6만 명 이상이 국제평화활동에 참여해왔다. 특히 2007년 이후부터 유엔 PKO에 대한 인적, 재정적 기여를 크게 확대하였다. 2015년 3월 기준 레바논, 남수단, 인도·파키스탄, 라이베리아, 수단 다르푸르, 코트디부아르, 서부사하라 등 7개 유엔 PKO 임무에 군병력 634명, 경찰 3명 등 총 637명이 파견되어 있다.[38] 한편 한국의 유엔주도 PKO 임무뿐 아니라 비유엔 PKO 혹은 다국적군^{Multinational Force:} ^{MNF} 평화활동에 있어서도 민사·재건작전, 인도적 활동, 정찰 임무 등 성공적인 임무를 수행하여 왔다. 2001년 9·11 테러 사태 이후 아프가니스탄에서의 미국 주도 반테러 작전에 참여하면서 시작된 한국의 MNF 활동은 2015년 6월 기준, 유엔 PKO 파병 635명, 다국적군 평화활동(소말리아 청해부대, 바레인, 지부티, 미국 중부사령부) 309명, 국방협력(UAE 아크부대) 150명 등 총 13개국 1,094명의 군인이 파병 중이다.[39]

하지만 한국 내 여론은 유엔 PKO 임무의 경우는 무관심하거나 이해가 부족한 문제가 있어도 그 파견 자체를 반대하는 목소리는 크지 않고 실제 2009년 유엔 PKO 파병법을 국회에서 통과시켜 파병의 법적·제도적 근거

---

37) United Nations Central Emergency Response Fund(CERF), "Tod Donors of 2014," http://www.unocha.org/cerf/; United Peacebuilding Fund(PBF), "Contributions," http://www.unpbf.org/donors/contributions/

38) 유엔 PKO의 경우, 7곳 모두 개인단위의 파병이 이루어졌고, 이 중 레바논(동명부대)과 남수단(한빛부대)은 부대단위로도 파병하였다. 외교부, "유리의 유엔 PKO 참여활동 2015," 유엔자료실, 2015년 4월 7일, http://www.mofa.go.kr/trade/un/data/pko/index.jsp?menu=m_30_60_20&tabmenu=t_2

39) 2015년 6월 기준 국방부 통계에 의하면 해외파병군인수는 635명을 3월 대비 1명이 증가하였다. 다국적군 활동의 경우, 부대단위 파병사례는 소말리아해역 청해부대(300명) 하나이고, 바레인(참모장교 4명), 지부티 연합합동기동부대(CJTF-HOA 협조장교 2명), 미국중부사령부(협조단 2명, 참모 1명)는 개인단위 파병이다. 국방부, "세계 속의 한국군 — 해외파견현황," 2015년 6월 11일, http://www.mnd.go.kr/user/boardList.action?command=view&page=1&boardId=I_43923&boardSeq=I_1932412&titleId=null&siteId=mnd&id=mnd_010704000000

를 만든 반면, 다국적군 파병에는 반대하는 목소리가 만만치 않다. 2010년 해외파병 상비부대인 온누리부대를 창설하여 한국군 해외파병을 확대하는 추세이지만 사회 내 찬반론이 거세다.[40] 유엔 PKO나 MNF 활동 모두 세계 분쟁지역에 파견되어 평화유지 및 구축, 그리고 인도적 지원을 수행한다는 면에서 하등 다를 것이 없다. 예를 들어 2002~2007년 아프가니스탄에서 임무를 수행한 동의부대는 100명의 의료지원팀으로 당시 25만 명의 지역의 환자들과 연합군들을 치료하였다. 이는 아프가니스탄 전역 민간병원들이 치료한 환자 수의 3배를 능가하였고, 그 지역사람들로부터 "신이 내린 축복 a god's blessing"이라는 찬사를 받은 바 있다. 하지만 한국민들 사이에 유엔 PKO와 MNF 활동을 평가하는 데 있어 "평화유지활동 격차PKO Divide"를 보이는 이유는 한국민들에게 두 종류의 평화활동이 지니는 파견의 정당성이나 합법성이 확연히 다르게 인식되어져 있기 때문이다. 특히 다국적군 파견을 반대하는 측에서는 미국주도의 반테러전에 한미동맹 등을 고려하여 참여하는 것은 국제적으로 불법적인 행위에 동참하고 국제법을 위반하는 것이라고 비난한다.[41] 한편, 한국 역시 2006~2015년 CERF에 3,350만 불(세계 16위), 2,295만 불(세계 17위)을 제공하는 등 유엔인도적 기금에 가시적인 재정적 기여를 해왔다.[42]

중국의 경우, 1971년 중화인민공화국이하 중국이 유엔의 대다수 제3세계 회원국의 지지를 바탕으로 중화민국대만을 대체하여 유엔에서 중국을 대표하는 정당성을 인정받고 안보리 상임이사국 지위도 승계받았다. 이들 제3세계 국가들은 중국이 자신들의 비동맹운동의 적극적인 지지자가 될 것을 기대하였지만, 중국은 유엔에서 자국의 이해관계가 걸려 있는 일에 대해서만

40) Shin-wha Lee, "Does Helmet Color Matter? Discrepancy in Korea's International Peace Operation," *Korean Journal of Political Science*, Vol.48, No.3(2014).
41) 상동.
42) United Nations Central Emergency Response Fund(CERF), "Tod Donors of 2014," http://www.unocha.org/cerf/; United Peacebuilding Fund(PBF); "Contributions," http://www.unpbf.org/donors/contributions/

적극적인 활동을 폈다. 안보리에서의 거부권도 소련과 달리 남발하지 않았지만, 1990년대 대만을 지지했던 과테말라와 마케도니아에 PKO를 파견하는 것에 거부권을 행사한 바 있다.[43]

1990년대 이전 중국은 유엔 PKO를 제국주의 경찰부대로 비판하였고, 냉전기 미국과 소련이 각각 영향력 확대를 위해 이용하는 활동이라고 인식하였다. 하지만 1988년 유엔 PKO 특별위원회 회원국이 되었고, 1990년 4월 시리아 다마스쿠스에 5명의 군 옵서버를 파견한 이래 1991년 유엔 서부사하라 공민투표단MINURSO, 1992년 캄보디아 임시권력기구UNTAC, 1993년 유엔 모잠비크 임무단ONUMOZ 및 유엔 라이베리아 관찰단UNOMIL에 군사감시원을 파견하였다. 하지만 1990년대 초반까지만 해도 소규모의 군사감시지원이나 국가건설을 위한 공병대파견 등 비전투영역에 제한된 소극적인 참여를 견지하였다.[44] 소말리아에서의 유엔 PKO 실패를 계기로 1994~97년 동안 중국은 유엔 PKO 임무확대 및 이로 인한 내정간섭 가능성 문제를 우려하면서 유엔 PKO 활동에 참여하지 않았다. 하지만 1998년 유엔 아프간 특파단UNSMA에 군사감시원을 파견하면서 활동을 재개하였고, 1999년 NATO 주도의 코소보 공격을 비난하면서 다국적군에 의한 평화활동을 반대하고 국제평화활동은 유엔 주도의 PKO에 국한해야 한다고 강조하였다. 중국은 1990년 첫 유엔 PKO 인력 파견 이래 3만 명 이상을 파병한 것으로 보도되었으며,[45] 2014년 기준 중국은 레바논, 키르로스, 서부사하라, 라이베리아, 코트디부아르, 콩고민주공화국, 다르푸르, 남수단 등 유엔 10개 PKO 임무에 총 2,180명을 파견하고 있다. 파견 인원 면에서 세계 14위이며 그 파견규모는 점차 확대될 것으로 예상되며,[46] 이는 중국의 경제적·정치적·군사적 부상과 무

43) Global Policy Forum, "Changing Patterns in the Use of the Veto in the Security Council," http://www.globalpolicy.org/security/data/vetotab.htm
44) 박태희, "중국의 유엔 평화유지활동 참여 정책에 관한 연구,"『군사논단』(73)(2013).
45) "중국, 25년간 유엔 평화유지군 3만 명 넘게 파병,"『연합뉴스』, 2015년 6월 29일.
46) 일본 외무성, "国連 PKO·政治ミッションへの派遣: 中国·韓国·ドイツとの比較," http://www.mofa.go.jp/mofaj/files/000019811.pdf

관하지 않다.47) 또한 지난 25년간 규정위반이나 추방 기록없이 PKO 활동을
유지해온 중국은 유엔 PKO 참여에 있어 3단계 PKO 훈련메커니즘을 구상하
고 그 가이드라인을 엄격히 준수함으로써 중국의 유엔 PKO군을 "중국 속도
China Speed", "중국 질China Quality", "중국 브랜드China Brand"로 내세우고 있
다.48)

　이렇듯 한중일 동북아 주요 국가들은 지난 10~20년간 유엔 PKO 임무를
본격화함으로써 국가위상을 제고하고 국제사회에 기여하는 책임있는 국가
로의 부상을 도모해왔다. 이러한 국제활동이 국가주권의 존중, 내정불간섭
원칙의 준수, 무력행사금지와 같은 국제법이나 유엔 원칙에 위배될 수 있다
는 측면에서 신중한 태도를 보이기도 하고 경우에 따라 파병을 둘러싼 찬반
론이 거세기도 하지만, 이들 세 국가의 PKO 활동은 유엔의 권위와 역할을
유지하고 강화하는 데 일정 정도 기여를 해왔다고 평가할 수 있다.

　국제공헌에 대한 책임과 국제사회에서의 이미지와 위상제고를 위한 한국
의 활발한 유엔외교에도 불구하고, 한국외교전략에 있어 전통적으로 최대변
수는 미국과 북한이다. 이는 남북한 평화통일과 동북아의 복잡한 국제관계
가 완화되지 않는 한 가장 중요한 생존전략이기 때문이다. 하지만 전지구적
관점에서 볼 때, 그리고 하드파워뿐 아니라 소프트파워의 측면에서 볼 때,
한국은 선도적 중견국가로 발돋움할 좋은 위치에 놓여 있다. 중견국이란 관
계적 의미에서 "중간적middle" 상태에 놓인 국가, 그리고 국제정치에서 총체
적 국력이 강대국 반열에 끼지는 못하지만 특정 영역에서 상당한 영향력을
발휘하는 국가를 일컫는다. 북구 유럽 국가들이나 캐나다, 호주 등과 같이
군사력과 같은 전통적 안보영역에서는 주목받지 못하지만, 규범, 문화, 국제
사회에의 공헌, 국가이미지와 같은 연성권력 측면에서는 월등한 위치에 있

47) Sukhee Han and Luo Jianbo, "China's Multilateral Strategy," IGCC Policy Brief, No.6, USCD IGCC, August 2012.

48) Zhang Guihong, "China and UN PKOs: Participation and Contribution," speech by Zhang Guihong at Center for UN studies, Fudan University Shanghai UN Research Association.

는 나라들이 중견국으로 분류된다. 그러므로 한국의 경우도 21세기 외교안보전략을 짤 때 한반도와 주변 4강의 역학관계를 핵심으로 삼되, 이를 뛰어넘어서는 새로운 비전과 틀을 동시에 제시할 수 있어야 한다. 이를 위해 적극적으로 유사한 국력과 가치를 공유하는 중견국들과의 협력 및 제3세계 국가들과의 아웃리치에 집중할 필요가 있다. 이는 앞서 논의한 유엔 PKO 활동에의 기여와 같은 적극적인 유엔외교를 통해 촉진될 수 있을 것이고 이는 긴 안목에서 볼 때 국익에 도움이 되는 것만이 아니라 총체적인 국가안보에도 기여할 것으로 보인다.

중견국외교는 향후 미·중 간 헤게모니 경쟁, 중·일 간 지역주도권을 둘러싼 대결양상으로 인해 한국이 부딪히게 될 수 있는 전략적 딜레마를 풀어나갈 수 있는 유용한 전략이라 할 수 있다. 즉 주변 4강을 상대하는 외교를 "고래싸움에 등 터지는 새우"라는 부정적 시각에서 보기보다는, 작지만 빠르고 영리한 돌고래로서의 외교역량을 충분히 발휘할 수 있는 기회로 활용하기 위해 적소외교를 추구해야 할 것이다. 물론 전통적 양자외교를 기초로 동맹국과 우방국들과의 관계를 돈독히 하는 것이 한국외교에서 여전히 매우 중요하다. 하지만 다자외교, 국제기구외교를 강화하여 국제적 입지 및 네트워크를 확대하고 공고히 하는 게 국가이익 및 위상제고, 그리고 국제사회에의 책무이행에 있어 점점 중요해지고 있다.[49] 따라서 중견국으로서 역할과 외교를 성공적으로 수행하기 위해 동북아 내에서의 소다자적 협력을 위한 중개자 역할을 모색하는 방향으로 전략을 짜야 할 것이다. 세계적 차원에서는 주요 글로벌 이슈에 대한 서구-비서구, 선진국-개도국을 아우르는 국제규범외교를 주도적으로 전개할 필요가 있다. 따라서 한국의 입장과 노력에 동의하거나 동참할 수 있는 비슷한 국력의 국가들과의 협력관계를 통해 국제여론을 조성하고 특정 이슈에 대한 공동 입장이나 대응을 모색해야 한다.

---

49) 이상현, "복합 국제정치질서와 한국의 네트워크 외교전략," 『안보전략』(세종연구소, 2014년 2월 10일); Sanbae Kim, *The Inter-network Politics of Cyber Security and Middle Power Diplomacy: A Korean Perspective*, Seoul: East Asia Institute, October 2014.

유엔평화유지활동과 비유엔평화유지활동

유엔평화유지활동(UNPKO)은 유엔헌장에 명기되어 있지 않지만 1948년 이스라엘과 아랍국 사이 정전협정을 감시하기 위해 유엔예루살렘정전감시단(UNTSO)가 설립되면서 시작된 유엔활동으로, 2015년 5월 기준 총 71개의 임무가 이루어져왔다. 이들 전체 임무 중 냉전기간 동안인 첫 40년간 15개의 활동이 있었고, 나머지 56개는 냉전종식 후 25년간 이루어졌다. 전통적으로 UNPKO는 임무상 휴전감시, 평화협정이행감시, 선거감독, 완충지대 설정, 중립성 유지를 목적으로 하고 있지만, 탈냉전기 이후 급증하는 내전 등 분쟁성격이 바뀌고 인도적 위기상황이 속출하면서 UNPKO의 활동도 매우 다차원적이고 복잡하게 변화되었다. 특히 분쟁당사자들 사이에서 중립을 유지한다는 것은 민간인 대량살상이나 강간, 대규모 난민 사태와 같은 인도적 위기에 효과적으로 대처하지 못한다는 비난을 받아왔다. 따라서 전통적 활동만이 아니라 난민보호를 포함한 인도적 구호활동, 군비축소, 전후평화구축을 위한 다양한 노력이 그 임무에 포함되기 시작하였다. 즉 1992년 유엔 부트로스 부트로스 갈리 사무총장의 「평화를 위한 의제(*An Agenda for Peace*)」라는 보고서를 보면, 유엔평화활동을 예방외교(preventive diplomacy), 평화조성(peace making), 평화유지, 평화구축(peace building), 평화강제(peace enforcement)로 나누어 설명하고 있다.

반면 비유엔평화유지활동(Non-UN PKO) 혹은 다국적군(Multinational Forces) 평화활동이라 불리는 국제평화활동도 UNPKO만큼 활발하며, 세계 분쟁지역에서의 평화를 위한 노력이나 인도적 지원을 위한 활동 면에서 볼 때 그 목적이나 임무는 높게 평가받을 만하다. 이 활동 역시 UNPKO와 마찬가지로 안보리 결정을 필요로 하지만 총회결의는 거치지 않고, UNPKO는 유엔회원국들의 기여금으로 활동하고 총사령관도 유엔사무총장이 임명하는 반면, MNF 활동의 총사령관은 참여국가들 간 협의에 의해 뽑히고 비용도 파병국들이 분담한다. 미국을 비롯한 서구 선진국들은 자국의 영향력이 더욱 직접적일 수 있고 임무내용이나 범위 등이 보다 융통성 있는 MNF 활동을 선호한다. 하지만 MNF 활동은 소수 강대국들의 정치적 판단이나 일방적 혹은 선별적 활동으로 간주되어 반발을 사기도 한다. 특히 2001년 9·11 테러 사태 이후 미국 주도의 아프가니스탄 대테러전 및 2003년 이라크전 이후 다국적군 파견 등으로 인해 MNF 활동을 반대하는 목소리가 지구촌 곳곳에서 높아지기도 하였다.

특히 상대적으로 이니셔티브를 취하기 용이한 인권, IT, 문화, 평화와 같은
이슈들에서 국제규범의 형성에 기여하는 방향으로 친구 국가들과의 관계강
화를 추구해야 한다. 따라서 한국은 전통적 양자간 관계를 지속적으로 견지
하고 소다자지역주의나 지역주의를 토대로 한 다자안보 협력체의 형성을 위
해 주도적 역할을 모색함과 동시에 전지구적 차원에서 다음과 같은 노력을
경주할 필요가 있다.

　우선, 세계인도적 위기대처를 포함한 초국가적 위협에 공동대응하기 위
한 다자협력을 활성화하기 위한 공동방안을 마련해야 한다. 인도적 지원과
재난구조를 위한 HA/DR 활동을 포함한 공동구호 활동방안을 만들고, 보다
근본적으로 위기상황을 사전에 예방하거나 대비할 공동의 예방책을 강구할
필요가 있다. 유엔 주도의 다양한 초국가적 평화활동이나 인도적 지원활동
에 적극 참여하되, PKO나 평화구축활동^{PBO}, 인도적 긴급구호활동 등에서
의 동아시아 내 지역협력을 제도화하는 방안을 모색하는 것도 고려해볼 만
하다. 이를 위해 공동의 공적개발원조^{ODA}, PKO, PBO 활동협력을 구현할
수 있는 시스템 개발을 위해 노력해야 할 것이다. 대표적인 예로 한국, 일본,
중국, 몽골 등과의 협의하에 아시아 평화유지군 훈련센터를 공동 관리하는
방안을 적극적으로 모색할 수 있을 것이고, 아시아에서 자연재해에 취약한
지역이나 그룹들에 대한 상황을 적극적으로 규명하고 정보를 적극적으로 교
환함으로써 초국가적 재해 예방과 대응을 위한 협력을 배가할 수 있다. 또
한 한중일이 동시에 활동하고 있는 남수단에서의 유엔 PKO 임무는 3국 군
대가 자연스럽게 협조할 수 있는 좋은 기회일 뿐 아니라 3국이 향후 글로벌
평화와 안보 및 인도적 활동을 위해 어떠한 협력을 할 수 있는지에 대한
가능성을 모색해보고 이를 자국민들에게 이해시킬 수 있는 소중한 계기가
될 수 있다. 같은 맥락에서 북한의 급변사태 시 발생할 수 있는 인도적 위기
상황이나 여타 초국가적 위협상황을 규명하고 대비책을 마련하기 위해 역내
국가들 간 대량 탈북 가능성을 포함한 북한 문제에 대한 정책 공조와 정보
공유를 체계화해야 할 것이다.

　아울러, 국제사회에서 종종 논란이 되기도 하는 인간안보, 인도적 개입,

보호책임^{R2P}과 같은 규범과 개념이 서구, 비서구, 선진국, 개도국 등의 이념적·정치적 논쟁을 뛰어넘어 인류보편적인 목적을 위해 활용될 수 있도록 한국은 다른 동아시아 국가들과의 협의하에 새로운 규범과 아이디어를 수립하는 촉매제 역할을 해야 할 것이다. 예를 들어 인간안보 등과 관련하여 믿을 만하고^{reliable}, 존경할 만하고^{respectable}, 충격에 견디어내는^{resilient} "아시아의 목소리"를 만들어가기 위해 일본, 중국 등과 긴밀하게 협력할 수 있을 것이다. 이에 더하여 한국은 유엔이 강조하는 지속가능한 개발목표^{SDGs}와 같은 세계적 개발노력을 적극 지지하는 동시에, 동북아국가들뿐 아니라 동남아국가들과도 협력하여 선진국과 개도국을 아우르는 새로운 국제개발 이니셔티브를 주창해볼 필요가 있다. 이러한 노력은 최고지도자의 강력한 정치적 의지와 외교적 헌신을 통한 정치적 돌파구 마련 및 이를 보완하기 위한 연성이슈를 토대로 한 기능주의적 협력이 병행될 때 시너지효과를 거둘 수 있을 것이다. 이러한 맥락에서 동북아 지역 내 분쟁예방과 평화구축 문제를 전통적 군사안보측면(무력도발, 영토분쟁 등)과 비전통적 안보 문제(경제, 질병, 환경, 인권 등)에 비추어 예방외교$^{preventive\ diplomacy}$ 맥락에서 동시에 살펴봐야 할 것이다.

이러한 노력의 결실을 보다 효과적으로 거두기 위해서는 유엔이나 유럽연합, ASEAN의 예방외교 및 중재노력과 관련한 습득교훈$^{lessons\ learned}$과 전문적 노하우를 도입하는 방안을 한국의 국제기구 및 다자외교 전략수립에 활용할 필요가 있다. 이를 통해 막연한 정책제안이나 수사로서의 중견국 한국의 역할이 아닌 실질적인 정책지침과 제안을 개발할 수 있는 토대를 마련하는 것이 중요하다.

IV. 결론

본 장에서는 한국의 국제기구 진출 및 유치 그리고 유엔 PKO 및 다국적 군 평화활동을 통한 국제적 기여 및 리더십에 대한 함의를 고찰하고, 한국의 동북아 다자협력체 형성을 위한 노력 및 유엔 및 국제기구외교에 대한 현 단계의 성과와 한계를 살펴보고 향후 과제에 대하여 살펴보았다. 실로 중견 국외교는 전통적인 정치군사안보를 중심으로 한 하드파워보다는 국가이미지 제고, 공공외교 활성화, 국제사회에의 기여 등을 통한 소프트파워 증진을 통해 더 효과적으로 이루어질 수 있다. 그리고 그 핵심은 개별 국가가 아니라 역내 국가들 간의 다양한 영역에서의 협력, 즉 국제사회의 개발 문제 및 인도적 위기상황에 공동 대처하기 위한 개발협력이나 국제주의적 협력, 그리고 인간안보 차원에서 인류보편적인 새로운 규범을 발전시키고 새로운 지역질서 및 국제질서의 틀을 제시하는 규범협력에 있다고 하겠다.

예를 들어 한국은 2010년 주요 20개국 정상들의 회의인 G20의 개최국이자 의장국으로서 동서양, 선진국-개도국 간을 연결하는 매개국가로서, 그리고 전쟁의 잿더미에서 고속성장을 이루어낸 개도국의 벤치마킹 국가로서의 역할을 수행한 바 있다. 당시 강대국과 약소국, 선진국과 저개발국, G20 참여국과 비참여국들 간 조정자나 중재자 역할을 통해 개도국의 리더로서의 입지를 구축할 계기를 마련하였고 개발협력 부문에서 국제 규범을 선도하기 위해 이를 의제화하는 데 성공하였다. 향후 지속적으로 중견국 리더십을 발휘하기 위해 한국은 경제적 이득과 윤리적 규범간 적절한 조화를 만들고, 지구촌 다수가 공감할 수 있는 새로운 국제적 규범을 제시하는 기획조정자적 역량을 강화해야 할 것이다. 따라서 범정부차원에서 인권, 환경, 복지와 같은 특정 규범을 선정하여 한국 국가 이미지와 연계하여 브랜드화하는 노력이 필요하다.

국제기구들, 특히 유엔의 한반도 평화와 안보를 위한 역할은 그간 엇갈린 평을 받아왔다. 한반도 문제는 북한의 불확실성, 복잡한 지정학적 역학, 미

국의 영향력, 중국의 부상과 이에 따른 세력전이 가능성 등으로 인해 유엔의
중재나 권고 혹은 다자간 합의로 완화되기에는 한계가 있다. 정치군사 문제
등과 같은 상위정치이슈는 차치하고라도 환경, 경제, 문화와 같은 하위정치
영역에 있어서도 북한체제의 폐쇄성과 내적 경직성, 주변 강국들과의 관계
로 인해 국제기구나 지역협력체가 효과적으로 임무를 수행하는 것이 쉽지
않았다. 따라서 부문별 기능주의적 협력이나 북한을 경제인센티브 등을 통
해 국제사회로 이끌어 내려는 국제기구의 노력은 성과를 거두지 못하였고,
북한은 경제적 원조 이득만 챙긴 채 핵실험, 위조지폐 문제 등 불법행위를
지속적으로 자행해왔다.

  국제사회의 대북지원에 있어 가장 심각한 문제는 어떻게 배급의 투명성
을 확보할 것인가이며, 이에 따라 원조방향 및 규모가 결정될 수밖에 없다.
진보정권 시절 한국 정부가 국제사회가 요구하는 모니터링을 제대로 하지
않은 채 대북지원을 한 것은 북한 내 배급투명성 제고를 위한 유엔식량농업
기구FAO, 유엔식량기구WFP, 유럽연합, 그리고 인도주의적 국제 NGO들의
다방면의 노력을 희석시켰고 결국 그로 인한 불이익은 북한주민들이 떠안아
야 했다. 또한 지난 10여 년간 북한의 인권 문제가 유엔의제로 상정되는
경우가 늘어났고, 유엔북한인권조사위원회COI의 최종보고서가 유엔총회에
서 채택되는 등 국제사회의 북한인권에 대한 관심과 우려가 높아졌다.[50]
한국 정부도 현재 적극적으로 북한인권 문제 개선을 위한 국제사회의 노력
에 동참하고 있지만, 과거 진보정권은 탈북자 문제를 포함한 북한인권 문제
를 거론하는 것이 남북 정부간 대화를 저해할 수 있다는 우려로 인해 유엔
이나 국제무대에서 북한인권 문제에 대해 소극적이거나 신중한 입장을 견지
한 바 있다. 어떤 성격의 정권이 들어올지라도 과거 서독이 동독과 교류협
력을 강화하면서도 인권 문제에 있어서는 한 치의 양보도 하지 않았던 교훈

50) United Nations Office of the High Commissioner for Human Rights(OHCHR),
    Report of the commission of inquiry on human rights in the Democratic People's
    Republic of Korea — A/HRC/25/63, March 2014.

을 기억할 필요가 있을 것이다. 그리고 한국은 주도적으로 국제공론화를 통해 북한 인권유린 문제를 규탄하고 개선을 촉진할 방안을 모색함과 동시에 대북 경제협력과 인도적 지원사업을 유엔차원에서 어떻게 논의해 나가야 할지 방향을 제시해야 할 것이다. 이를 위해 유엔이나 지역기구의 건설적인 역할이 기대되는데, 왜냐하면 정치적 대타협을 통해서든, 아니면 이슈별 협력에서 비롯되든 상관없이 국제기구는 국가 간 대화와 의견교환을 통해 상호 합의를 이끌어내는 장으로 기능하기 때문이다.

끝으로 글로벌 거버넌스의 중요성과 적시성이 점점 커지고 있는 추세인 점을 감안할 때, 선도적 중견국으로서의 역할이 매우 중요하다. 특히 글로벌 거버넌스를 이루어가는 과정에서 다자주의, 국제주의, 평화증진, 소통과 협력, 중재와 이해조정과 같은 원칙과 규범을 강조하고, 초국가적 질병, 예방외교, 인간안보와 같은 상대적으로 새로운 분야에 집중하여 국제적 기여를 제고할 방안을 모색해야 할 것이다. 한국과 같은 중견국이 왜 유엔이나 국제기구와의 협력이나 그 안에서의 적극적 역할을 모색해야 하는지에 대한 당위성과 적실성이 바로 여기에 있다.

더 읽을 거리

📖 박흥순. 『국제기구론: UN, 다자외교, 한국』. 아산: 선문대학교출판부, 2015.

이 책은 30년 이상 국제기구 연구를 해온 저자가 국제기구와 유엔에 관련된 주요 이슈들에 관해 저술한 내용들을 책으로 묶어낸 것으로서 국제기구 전반, 유엔, 인권, 개발, PKO 활동, 사무총장에 관한 내용이 포함되어 있다. 특히 한국과 유엔과의 관계, 한국의 유엔활동의 성과에 대해 심층적으로 분석하고, 한국의 바람직한 유엔활동에 대한 정책적 과제를 제시하고 있다.

📖 하영선 편. 『21세기 한국외교 대전략』. 서울: 동아시아연구원, 2006.

이 책은 변화하는 국제환경 특히 동아시아 지역의 국제정치 환경의 변화 속에서 한국 외교가 나아가야할 전략을 제시하고 있다. 특히 동아시아에서 영향력을 행사하고 있는 3대 강국인 미국, 중국, 그리고 일본의 대외전략과 북핵 문제, 주한미군 재배치, 이라크 파병, 그리고 동북아 경제협력 등 한국 외교가 당면한 주요한 이슈들에 대해 심층적으로 연구하고 이들에 대한 한국의 전략적 선택을 모색하고 있다

📖 유엔 웹사이트

유엔평화유지활동(UNPKO). http://www.un.org/en/peacekeeping/operations/

유엔평화구축활동(UNPBO). http://www.un.org/en/peacebuilding/

이 두개의 웹사이트는 유엔이 공식적으로 운영하고 있는 것으로 유엔 평화유지 및 구축활동에 대한 전반적인 사항들과 현황에 대해 자세히 소개하고 있다. 따라서 유엔평화유지활동 혹은 유엔평화구축활동에 대한 기본적인 정보를 얻기에 가장 정확하고 유용한 사이트이다.

📖 Davies, Michael, and Richard Woodward. *International Organizations: A Companion*. MA, USA: Edward Elgar Publishing, inc., 2014.

이 책은 국제기구와 관련된 전반적인 내용들을 포괄적으로 연구하고 있다. 구체적으로 국제기구를 이해하기 위한 이론, 국제기구의 역사, 유엔과 각 분야의 국제기구들, 그리고 EU를 비롯한 지역기구들을 포함한 100여 개가 넘는 국제기구들을 포함하고 있다. 또한 이들 국제기구들에 대한 개별적 연구 외에도 이들 기구 간의 밀접한 관계들과 전체적인 거버넌스의 측면 역시 다루고 있는 책으로서 국제기구와 글로벌 거버넌스에 관한 훌륭한 참고서가 될 것이다.

제 **4** 장

【특별세션】

한국의 유엔외교와
글로벌 거번너스:
국제사회와 외교현장의 시각

Part **1** [국제기구 총서 워크숍 제1부]

유엔과 글로벌 거버넌스의 미래:
국제사회의 시각*

- 일 시: 2015년 3월 5일(목)
- 장 소: 주유엔대한민국대표부
- 발 제: Edward Luck(전 콜럼비아대 교수)
- 사 회: 오 준(주유엔한국대사)
- 참가자:
  – 주유엔대한민국대표부: 백지아(차석대사), 정병하(참사관), 임상범(참사관),
  　　　　　　　　　　　　정선용(참사관), 서상표(참사관), 이황로(참사관),
  　　　　　　　　　　　　이은주(서기관), 김상일(서기관) 그 외 직원 다수
  – 연구진: 박흥순(선문대 교수), 정우탁(APCEIU 원장), 김도희(APCEIU 연구원)

---

* 본 장의 내용은 워크숍에서 논의된 내용을 APCEIU가 정리하여 발췌·수록함.

I. 유엔의 역할과 미래

본 발제는 유엔의 미래와 글로벌 거버넌스에 중점을 두어 논의하며, 모두 네 부분으로 나누어진다. 우선, 전반적으로 유엔의 역할과 미래를 전망하고, 둘째, 유엔 내의 정치적 역동성과 회원국들의 입장을 살펴보고, 셋째, 유엔 관련 주요기능 및 의제를 파악하고, 넷째, 끝으로 유엔의 개혁 및 조정 문제를 다룬다. 그리고 발제 후에 질의 및 응답 기회를 갖도록 할 것이다.

발제의 내용은 각 항목별로 관련 질문에 대한 답변 형식으로 살펴보고자 한다. 우선, 과연 유엔은 미래가 있는가 하는 질문이다. 유엔의 미래에 대해 많은 논란이 있는 바, 가령 미국의 경우 의회나 매스컴에서 과연 유엔이 제 역할을 잘하고 있는지, 밝은 미래를 기대할 수 있는지에 대한 의문이 늘 제기된다. 그러나 유엔에는 미래가 있다고 생각한다. 유엔의 미래가 부정적이라면 이는 우리 모두에게 커다란 문젯거리가 아닐 수 없다. 장기적으로는 예측이 매우 어려울 것이지만, 향후 10~20년을 보았을 때 보다 중요하고 큰 도전과제들이 많아질 것이며, 또한 폭넓은 국제협력을 필요로 하는 수많은 이슈들도 더 늘어날 것이다. 이는 국제사회의 일반적인 추세라고 할 수 있다. 어려운 점은 이러한 이슈들은 보다 복합적이고 중층적일 뿐만 아니라 상당히 기술적인 성격을 가지고 있다는 것이다. 과연 유엔이 이와 같은 고도로 기술적인 이슈들을 잘 다룰 수 있을지에 대하여는 회의적이다.

또 다른 질문으로서, 중기적 관점에서 가령, 향후 10~20년에 걸쳐 유엔의 미래에 대하여 어떤 전망을 할 수 있는가 하는 점이다. 유엔의 미래는 밝은가 혹은 어두운가? 최근 국내 문제, 혹은 국가 간 관련 이슈들에 대해 유엔이 많이 다루고는 있지만 실질적인 수단을 갖지 못하는 경우가 많다. 중기적으로 가장 큰 우려는 세계의 힘의 분배에서 나타나는 다극화multipolarity 추세이다. 제2차 세계대전 이전의 다극체제는 제대로 작동하지 못했으나, 양극체제나 단극체제 또한 잘 작동하지 못했다. 하지만 특히 다극체제는 큰 문제점을 가지고 있다. 다극체제에서는 의사결정이 어렵고, 어느 국가가 어떤 위상을 갖는지 국가 간의 서열화가 쉽지 않기 때문이다. 누가 1위, 2위인지 그리고 그 관계가 어떠한지가 분명하지 않을 것이다. 이로 인해 강대국 간의 모순적이고 역기능적인 관계가 악화될 것이며, 이 점에 대하여 많은 우려가 생긴다. 단기적으로는 미국과 중국의 두 강대국을 중심으로 하는 양극체제가 되겠지만 진정으로 다극체제가 심화되는 경우는 다소 우려가 된다.

그렇다면 회원국들은 유엔에 대해서 어떠한 기대를 할 수 있을 것인가? 미래에 있어서 회원국들이 유엔에 기대하는 점에는 차이가 있을 것이다. 대부분의 회원국들은 원하든 혹은 원하지 않든 간에 주권의 격차sovereignty gap 문제에 부딪히고 있다. 그들은 주변국가나 다른 국가들의 협력 없이는 국민들이 원하는 것을 이룩할 수 없다. 국제기구는 국가와 국민 사이에 존재하는 주권 격차를 좁히는 것을 도와주므로 주권의 적이 아니며 오히려 주권이 지속되도록 도와주거나 허용해준다. 하지만 세계의 여러 부문에서 그리고 여러 곳에서 증가하는 이러한 격차를 해소하기 위해 과연 유엔이 효율적인 역할을 할 것인지는 확실하지 않다. 이집트나 나이지리아 같은 중견국가들이 효과적으로 통치하지 못하는 경우 유엔은 도움이 되지 않을지도 모른다. 따라서 유엔에 대한 기대는 국가와 국민마다 매우 다양해질 수밖에 없을 것이다.

유엔의 향후 변화 가능성은 어떻게 보아야 하는가? 향후 20년~40년간 어느 정도의 변화를 기대할 수 있을까 하는 질문에 답하기 위해서 과거 유엔체제의 변화를 살펴볼 필요가 있을 것 같다. 유엔 초기 10여 년은 비교적 조용하였고, 그 후 많은 변화, 가령 냉전시대를 거쳐 소련의 붕괴, 그리고 짧은 미국의 패권시대가 있었고 남북의 간격 문제가 또한 있었다. 이처럼 지난 세월의 기간 동안 유엔조직 내에서 그리고 의제에서 많은 것이 변했다. 시민사회나 미디어의 입장에서 유엔체제는 변하지 않은 것처럼 보이지만, 사실은 힘의 분배 등 변화가 항상 있어왔다. 국제사회에서 대단히 예상치 못한 일이 벌어지거나 국제체제에 대한 위협이 없는 한, 유엔의 미래에서 급격한 변화가 일어나리라고는 볼 수 없다. 10~20년 사이에는 사소한 기술적인 변화나 도전이 있을지도 모르지만, 20~40년 사이에는 환경 혹은 에너지 변화 등의 문제, 민주주의에 대한 압박 등이 전면에 대두될 것이다. 장기적으로 이러한 문제들의 압박이 상당할 것이지만, 이들이 유엔에 미치는 영향은 불확실하다고 볼 수 있다.

끝으로, 과연 유엔이 글로벌 거버넌스에서 세계 정부로 전환될 가능성이 있는가? 유엔 내외에서 주요한 개혁 제안이 있었지만, 실제로 실행된 적은 거의 없다. 하지만 변화는 점진적으로 일어나고 있고, 그러한 점진적 변화는 중요하다. 유엔은 변화에 적응하는 데 아주 좋은 조건을 갖추고 있다. 비록 유엔은 경직된 구조적 틀을 가지고 있고, 많은 변화를 억제하고 있지만, 바로 그 점이 유엔의 창설자들이 원한 점이며, 유엔이 모든 위협과 변화에 적절히 대응할 수 있도록 하는 것이다. 또한 유엔 내부에서 구조적인 큰 변화가 없을지는 모르지만 의제^{agenda}의 변화는 꾸준히 증가하고 있다. 유엔사무국 등의 변화는 항상 이루어지는 데 비해, 유엔구조의 체제적 변화는 많지 않다. 장기적으로 가까운 시일 내에 유엔이 세계 정부^{global government}로 변화될 가능성에 대해서는 회의적이다. 유엔은 여러 측면에서 그러한 세계 정부의 구상 같은 것에 대한 대안으로서 창설되었기 때문이다. 또한 유엔은 국가중심체제^{inter-state system}가 작동하는 것이 허용되도록 창설되었기 때문에, 어느 회원국들도 유엔이 초국가적 기구로 변모하는 것을 원하지 않을 것이다.

II. 유엔 내의 정치적 역동성

유엔 내에서 벌어지고 있는 정치역학은 특히 회원국들의 다양한 입장에서 살펴볼 수 있을 것이다. 우선 강대국들은 어떠한가? 유엔 내에서는 아주 작은 일도 모두 정치적으로 작용한다. 강대국들 간에 정치적 충돌은 계속 증가하고 있다. 가령 중국의 주변국 문제, 남중국해 주변의 문제, 그리고 군비증강 등이 이와 같은 정치적 갈등 문제에 관련된 것이다. 미국과 중국과의 관계, 동아시아와의 관계, 러시아의 영토 문제 등 많은 정치적 충돌도 있다. 러시아는 특별히 국제체제를 혼란시킬 수 있는 역량은 없으나, 중국의 경우는 유엔 내에서 영향력이 커지고 있다. 하지만 아직 중국과 러시아는 모두 유엔안보리의 구조변화를 원하지 않고 있다.

신흥국가의 경우는 어떠한가? 국제사회에는 항상 신흥국가emerging powers 가 등장하게 마련이다. 그러나 중견국가나 신흥국가로서 부상하는 BRICS 브라질, 러시아, 인도, 중국의 관계는 계산적인 결혼marriage of convenience 이상의 관계는 아니라고 본다. 이들 간의 관계는 인위적이고 전술적인 관계이며, 이 국가들이 실제적인 정치적 결정과 유엔의 의제를 다룰 때에는 상호 공통점이 많지 않다. 각국의 차이점과 다양성이 많이 드러날 것이다.

비동맹NAM 국가의 경우나 남북 문제의 경우도 전보다 영향력이 훨씬 줄어들었다고 할 수 있다. 1970년대에서 1990년대의 기간 동안에는 주로 비동맹그룹이나 남북 문제가 초기 가장 큰 의제였다. 현재는 남북 문제 같은 갈등은 점차 약화되고 있는 반면, 인간안보나 인권정책 등의 이슈들이 보다 지배적인 문제로서 다루어진다.

마지막으로, 누가 과연 유엔의 훼방꾼spoilers 이 될 것인가? 그리고 이들은 유엔의 신뢰성이나 정통성 혹은 역량에 얼마나 해를 끼칠 것인가? 비국가non-state 무장단체, 특히 주로 테러행위를 동원하는 집단들이 가장 유력한 훼방꾼이 될 것이다. 이것은 전에 없던 새로운 도전과제이다. 오히려 회원국들 간의 분열은 이전보다는 덜한 편이다. 갈등 문제는 유엔체제 밖으로 이동하였는 바, 현 국제체제에 대하여 현저히 불편해하는 그룹과 그 이전만큼 강하지 못한 그룹 등이 있다. 여러 측면에서 그들은 국제체제를 지탱하는 가치에 대하여 도전을 하고 있다. 그것을 서구중심의 가치라고 부른다. 따라서 가장 근본적인 격차는 주로 국가행위자와 이러한 비국가행위자 간에 존재한다고 할 것이다.

III. 기능, 이슈 및 규범

유엔이 수행하는 많은 기능 중에서 어떤 것들이 그대로 유지되거나 혹은 중심적인 과제가 될 것인가? 향후 10년 동안 아주 중요하게 될 몇 가지 이슈들이 있다. 첫 번째는 강제적으로 난민 신분이 된 사람들, 즉 5천여만 명의 난민들이다. 제2차 세계대전 이후 그 어느 때보다도 많은 난민이 발생한 것은 좋은 신호가 아니며, 그러한 상황이 곧 사라지지도 않을 것이다. 유엔이 이 문제를 다루기에는 좋은 입장이 되지 못한다. 그렇다면 이들은 어떻게 될 것인가? 그들의 젊은 세대는 어떤 교육과 사회화 과정을 거쳐야 하는 것인가? 또한 정부와 국제체제에 대한 그들의 태도는 어떠한가? 이러한 문제들은 매우 우려스러운 과제들이다. 둘째, 반테러리즘의 경우, 2001년 9·11 사태 당시 유엔은 반테러리즘에 대한 정책 자체가 없었다. 안보리와 총회는 몇 개의 결의문을 채택하였으나 유엔사무국은 정책이 없었다. 현재의 유엔이 그러한 수단을 갖추고 있는지도 여전히 의문스럽다. 그리고 다음으로 보건 문제가 있다. 전지구적 질병이 가져 오는 문제도 우려가 된다. 세계보건기구WHO같은 기구들이 신종 전염병 등, 가령 예를 들면 에볼라 등에 대해 제 역할을 해오지 못했다.

어떠한 주제 혹은 이슈들이 커다란 변화를 가져올 것인가 혹은 변화가 없을 것인가? 우선, 국제평화 및 안보의 영역은 유엔에서 계속해서 가장 큰 힘을 발휘할 것이다. 안보리에서 거론되는 문제들은 대부분 모두 중요한 이슈들이다. 안보리 비상임이사국들의 적극적 참여와 의제, 그리고 지속적인 이사국 순환은 안보리 내에서 매우 중요하다. 예를 들어, 장기적으로 안보리 내에서 책임성 없는 상임이사국보다는 비상임이사국들을 늘려야 할 필요성이 증가하고 있고, 그러한 요구는 증대할 것이다. 이 이슈들에 대해 기존의 기관들이 다루어야 하지만, 실제 이들은 역량도 부족하고 통합시키기보다는 오히려 분열을 조장하고 있다. 가령, 기존의 기관들 가령 경제사회이사회 ECOSOC와 다른 기관이 서로 다른 의견을 제시하는 경우도 왕왕 존재한다.

인간보호^{human protection}의 이슈, 가령 인권 및 인도적 문제영역은 어떠한가? 특히 인권보호 이슈는 매우 근본적인 문제이다. 테러리즘이나 '실패국가들^{failed states}'은 인권보호에 매우 큰 도전과제를 제시하고 있다. 이것은 인도적 문제^{humanitarian affairs}와는 또 다른 차이가 있다. 이에 관련해 많은 문제들이 토론되었지만 큰 효과는 거두지 못했다.

개발과 전지구적 공통과제의 영역에서는 유엔의 운용적인 역할^{operational role}은 매우 작다. 이 문제에서 유엔은 개발을 위한 규범설정이나 목표설정 이외에 핵심적인 역할은 하지 못한다. 그러나 많은 범지구적 문제, 가령, 민주주의, 에너지, 수질 문제 등은 점차 중요해지고 있다. 유엔은 규범적인 활동에 그치던 몇몇 의제에서는 국제적인 대응방안을 조직하는 데 매우 중요한 역할을 할 수 있을 것이다.

유엔은 운용적 및 기능적 역할을 넘어 규범의 창출과 확산에 지속적으로 주된 역할로서 기여할 수 있을 것인가, 아니면 유엔의 규범창출과 실행 문제 간의 간격^{gaps}으로 인해서 유엔의 신뢰성 저하를 가져올 것인가? 필자는 힘, 규범 및 기준^{standards}을 신뢰하는 편이다. 그리고 유엔은 바로 이 점, 개발 분야 등에서 탁월한 업적을 기록했다고 평가된다. 특히 인권 및 인도적 지원이나 인간보호에 있어서는 유엔의 기준설정 역할은 매우 큰 기여를 하였다. 이 분야에서 회원국과 시민사회는 협력을 해왔지만 긴장관계도 엿볼 수 있다. 안보리의 경우, 규범창출자^{norm producer} 역할은 하지만 후속조치나 모니터링 혹은 실행의 미비점이 안보리의 신뢰성에 문제를 야기하는 것으로 보인다.

IV. 유엔 개혁, 구조조정 및 파트너십

마지막으로 살펴보고자 하는 것은 유엔개혁과 구조조정의 문제이다. 가령 6개 유엔 주요기관 중 어느 것이 확대 혹은 축소될 것인가? 안보리, 총회 혹은 사무국 등이 어느 정도범위로 재구성 혹은 개혁될 것인가? 유엔의 주요 기관 중 가장 역동적이고 활발한 세 기관은 안보리, 총회, 사무국이다. 하지만 경제사회이사회ᴱᶜᴼˢᴼᶜ는 조만간 다시 개혁되어야 할 것이다. 특이하게도 유엔헌장과 원칙, 그리고 주요기관들 간의 관계는 여전히 문제가 있다. 그동안 두 번의 유엔개혁이 이루어졌는데, 안보리 같은 경우는 효율적인 의사결정기구로서는 조직의 크기가 너무 큰 반면, 전반적으로 모든 회원국을 대표하기엔 조직 구조에 있어서 문제가 있는 것이 사실이다. 그러나 이러한 여러 문제에도 불구하고 안보리는 여전히 가장 특별하게 중요한 조직이다.

경제사회이사회를 폐지하는 대신 총회에 보다 강력한 복합적 위원회를 설치하자는 제안이 있었지만 실행되지는 못하였다. 국제사법재판소ᴵᶜᴶ는 다소 중요하지만, 중심적 역할보다는 간헐적인 중요성을 가진다고 할 수 있다. 총회도 몇 년간 개혁 노력이 있었지만 기본적으로 개혁이 어려운 조직이다. 하지만 총회도 매우 중요한 조직이다. 사무국 또한 매우 중요한 조직이지만, 사무총장실의 조직에 대한 의문도 제기되고 있다. 사무국 내에는 범영역별 이슈ᶜʳᵒˢˢ⁻ˢᵉᶜᵗᵒʳᵃˡ ⁱˢˢᵘᵉˢ를 다룰 만한 조직이 없기 때문이다. 어느 조직이든지 그들의 개별적인 업무를 넘어선 사고를 하는 그룹을 필요로 한다. 개별적인 업무나 기관의 일만 다루고 범영역적 업무를 소홀히 하는 것은 문제라고 여겨진다. 사무총장과 사무총장실은 많은 업무를 수행하고 있지만 불과 몇 명만이 이를 담당하고 있다. 많은 일들이 좋은 목적이나 의도에도 불구하고 충분한 분석과 평가 없이 결정·추진된다. 사무총장은 더 많은 조직과 권한을 필요로 하지만, 유감스럽게도 실제로는 전체시스템에 대한 통제가 어려운 것이 현실이다.

결론적으로, 현재 유엔은 최상의 상태에 있지 않다고 생각한다. 유엔 서비스에 대한 수요는 감소하기보다는 계속 증가할 것이며, 유엔 내의 조직들은 그 수요를 충족시키기 위해서 힘쓸 것이다. 193개의 유엔회원국들은 때로는 기대보다도 느리게 반응하기도 하지만, 상당히 혁신적인 입장을 갖고 있다. 이것은 유엔체제에서 강점으로 작용할 수 있다. 특별히 중견국과 몇몇 비상임이사국들은 유엔체제에 상당한 활력소를 가져올 수 있을 것이다.

질의 응답(Q & A)

*참가자들의 질의에 Edward Luck 교수가 응답한 내용을 정리한 것임

Q 경제사회이사회ECOSOC가 보다 효율적인 기관이 될 수 있을 것인지에 대해 많은 다양한 의견이 있다. 안보리만큼 충분한 권한과 구조를 갖고 있지 않기 때문이다. 가령 안보리는 구속력 있는 의사결정을 하는 유일한 유엔의 기관이고, 주권평등에 관한 원칙과 절충이 이루어지는 기관이다. 마찬가지로 ECOSOC을 포함하여 다른 기관들이 보다 효율적인 조직이 되는 데는 어느 정도 주권평등 문제의 절충이 필요할지도 모른다. 현재 54개국으로 이루어진 ECOSOC의 경우 과반수 찬성으로 결정을 하고 있다. 만약 ECOSOC에서 안보리에서처럼 경제적 영향력을 가진 국가에게 특권을 부여하고 구속력 있는 결정을 하도록 한다면, 이 기관은 보다 효율적이 될 수도 있다. 이러한 면에서 유엔의 효율적 미래를 위해서 "주권평등"이라는 개념은 어떻게 정립되어야 하는지?

A 샌프란시스코회의에서 논의된 바, "주권평등"의 용어 개념부터 정리하자면 이는 사실상 정치적 용어가 아니다. 국가들은 국제법하에서 모두 평등한 존재라는 것을 확인하는 것뿐이다. 주권평등은 유엔체제 내의 의사결정 구조나 정치적 관계와는 관련이 없다. 또한 주권평등이란 용어는 총회를 설명할 때 사용되지 않으며, 하나의 원칙일 뿐이다. 안보리의 경우 유엔 창설 당시 많은 논란을 거쳐서 이루어

진 구조이다. 현재의 시점에서 안보리처럼 구속력 있는 결정을 할
수 있는 구조를 만드는 것은 쉽지 않다. G20이나 IMF 및 World
Bank의 경우는 창설 시부터 유엔체제 밖에서 독특한 구조를 가지고
있다. 현 시점에서 ECOSOC을 안보리와 같은 의사결정구조를 가진
기구로 만드는 가능성에 대해서는 회의적이다. 차라리 조직 밖에서
그러한 의사결정체제를 새로 만드는 것은 가능하지만 유엔체제 내에
서 그러한 조직구조를 기대한다는 것은 사실상 어려운 일이다. 다만,
모니터링이나 다른 역량을 제고할 수 있겠지만, 실제로 회원국들이
찬성할지는 모르겠다.

Q 중국이 최근 유엔무대를 비롯하여 전지구적 문제에서 활동을 강화하고 있다. 중
국의 부상이 소위 G2의 문제로서 등장한 바, 중국의 영향력이 국제체제 내에서
의 힘의 분배에 어떻게 영향을 미칠 것인지, 그리고 글로벌 거버넌스에서 유엔의
미래에 어느 정도 영향력이 있을 것이라고 보는지? 중국이 서구중심의 유엔체제
나 글로벌 거버넌스에 대한 도전을 하고 있는 것은 아닌지?

A 중국이 정말 유엔체제의 현상유지에 도전하는지는 확실히 모르겠다.
중국이 주변국가에 자극을 주고 있는 것은 명확하지만 유엔체제에
실제적인 큰 영향을 끼치고 있는가에 대한 것은 확실치 않다. 하지
만 분명히 중국은 그들의 힘이 커지는 것을 알고 있고, 유엔체제 내
에서 영향력 또한 커질 가능성이 있다는 것을 충분히 예측하고 있
다. 가령 평화유지활동PKO과 훈련 등에 대해서 꾸준히 기여를 확대
해 왔고, 안보리 내에서도 관심을 표명하고 있다. 중국은 지난 몇
년간 안보리 내에서 중재자의 역할을 하고 싶어 했다. 그러나 이것
은 국제체제에 대한 도전이 아니라 유엔체제에 대한 옹호라고 볼 수
있다. 미국 등은 중국의 부상에 대해 많은 의심을 갖고 있는 것이
사실이다. 중국과 미국 모두 복잡한 양극관계에 놓여 있지만 공통의
과제를 해결하기 위해서 다른 강대국 그룹들과 연계되는 것은 나쁘

지 않다고 생각한다. 하지만 중국이 빠른 시일 내에 G2가 되기는 어려울 것이다. 역사적으로 미국이 강대국이 되는 데도 오래 걸렸듯이, 중국이 G2로 부상하려면 오랜 시간이 걸릴 것으로 예상한다. G2가 되려면 단순히 물질적 영향력이 아니라 국제적 영향력을 갖추어야 하는데, 중국은 아직 글로벌 리더십을 갖추지 못하고 있다.

Q 유엔체제와 브레턴우즈Bretton Woods기구들과의 관계는 어떻게 보는가? 그리고 유엔 전문기구specialized agency의 역할에 대한 견해는?

A 수년 동안 브레턴우즈 경제기구들은 전문기구로서보다는 그보다 더 우위적인 위치에서 운영되어 온 것이 사실이다. 최근 워싱턴의 한 회의에서 살펴본 바, 유엔체제와 브레턴우즈기구들은 상호관계가 과거에 비해 확실히 변하고 있다는 것을 인정하고 있다. 이 기구들은 인권보호 등의 의제나 글로벌 거버넌스의 문제를 다루고 있고, 세계은행과 유엔사무국이 정기적인 회합을 하는 등 10여 년 전과는 다른 모습을 보이고 있다. 이를 보면, 그들의 관계는 전보다 더 우호적이며 경쟁적이지 않다는 것을 알 수 있다.

유엔이 '하나의 유엔Delivering as One'을 표방하지만, 실제로는 어려운 점이 많다. 기본적으로 전문기구들은 그들만의 독자적인 조직과 재정을 갖고 있다. 유엔체제는 분권화된 체제decentralized system로 이루어졌고, 전문기구는 분권화된 유엔의 대표적인 예이다. 전문기구들과 유엔은 필요한 경우 협력을 할 수는 있지만, 실제로 뉴욕의 본부와 전문기구 간의 물리적 거리가 커서 업무조정이 쉽지는 않다. 다만, 유엔은 새천년개발목표MDGs처럼, 새로운 아이디어를 내고, 관련 기구, 회원국 및 시민사회 등을 규합할 수 있다. 이러한 노력은 전지구적인 지지, 재정, 매스컴의 주목을 받을 것이며, 사무총장은 바로 이러한 역할 주도적으로 하게 된다.

Q 유엔사무총장의 권한과 역할에 관하여 논란이 많다. 사무총장의 역할은 글로벌 거버넌스의 많은 난제들을 다루기 위해 보다 강화되어야 한다거나 혹은 그 반대 여야 한다는 주장들이 있다. 사무총장의 권한과 역할에 대한 의견은?

A 사무총장에 관하여 '사무원이냐 총장이냐Secretary or General?'의 질문 이 있지만, 이는 잘못된 질문이다. 유엔사무총장은 여론지도자opinion leader가 돼야 할 것이다. 반기문 사무총장은 이 점에서 상당히 많은 노력을 하고 있으나, 주요강대국이나 언론은 충분한 관심을 보이지 않고 있다. 그들이 사무총장이 규범적 의제 추진자normative agenda pusher가 되어야 한다고 여기지 않는 것은 유감스러운 일이다. 사무 총장은 많은 권한을 갖고 있지는 않지만, 그가 중요한 문제들에 대하 여 여론을 조성한다면 그의 권한은 큰 영향력을 갖게 될 것이다.

Q 유엔의 미래에 대한 여러 가지 문제는 안보리 개혁과 관련되어 있는 것이 현실이 다. 가령, 북한 인권 문제처럼 인권 이슈는 국제안보와도 관련이 있다. 문제는 국제사회의 기대와 현실 사이에 중요한 간격이 있다는 것이다. 안보 분야에서의 안보리 역할 강화를 위해서, 안보리 개혁에 관하여 많은 제안이 이루어졌다. 하 지만 안보리의 민주성과 효율성의 원식 차이에서 항상 마찰이 있어왔고, 이 둘의 조화는 상존하는 문제이다. 상임이사국을 견제하면서 그 역할을 할 수 있는 새로 운 종류의 회원국 지위 신설 등에 대한 의견은?

A 안보리 개혁은 주로 내부 운용방식에서 변화를 가져왔다. 그러나 안 보리 구조개혁에서 비상임이사국들의 목소리가 좀 더 높여져야 할 것이다. 더 이상의 상임이사국보다는 비상임이사국을 15개국에서 20개국으로 늘리는 방안도 좋을 것이다. 또한 비상임이사국 임기를 2년에서 3년으로 늘리고, 연임가능하도록 하는 것을 제안한다. 이것 은 상임이사국과 비상임이사국 간에 보다 균형을 이루게 할 것이다. 안보리 개혁 논의는 각 지역별로 주요국 사이의 이해상충 때문에 진

전이 어렵다. 가령 유럽에서 독일에 대한 이탈리아와 스페인의 견제, 남미에서 브라질에 대한 아르헨티나와 멕시코의 견제 등이다. 아프리카의 경우도 상임이사국 후보 관련 합의가 어렵고, 아시아에서도 사정은 비슷하다.

Q 앞에서 제기된 바와 같이 민주주의와 효율성 간에는 상충되는 관계가 존재한다. 그러한 민주주의 개념은 주권평등에 기초하고 있다고 생각한다. 초기 민주주의의 개념과 국제관계에는 문제점이 있다고 생각한다. 왜냐하면 표면적으로 모든 국가는 평등해야 하지만 현실에서는 그렇지 않다. 중국같은 경우 13억의 인구가 존재하는 반면, 다른 작은 국가들은 보다 적은 인구를 가지고 있다. 이러한 차이는 유엔체제 내에서도 작용한다. 태평양 섬나라 국민 1명의 투표권^{voting power} 가치는 중국 국민 1명의 투표권^{voting power}보다 40만 배나 크게 작용할 것이다. 유엔이 민주주의 원칙에 따른다고 했을 때, 이러한 문제를 고려하면 유엔 내에서는 인간의 자연적 평등이 보장되지 못한다. 즉, 이 섬나라 한 명의 국민이 중국 국민 1명보다 훨씬 더 큰 영향력이 있다는 것은 과연 평등이라는 개념에 부합하는 현실인지 의심스럽다. 때문에 효율성과 민주주의는 서로 거래될 수 없는 개념이라고 생각하는데, 이에 대한 의견은?

A 민주주의라는 용어보다는 형평^{equity}이라는 용어가 보다 적합하다고 본다. 유엔은 결코 민주적이지 않으며, 민주적인 것을 지향하지도 않는다. 유엔은 국가들의 그룹이고 국가관계를 도와주는 조직이다. 바라기로는 헌장의 표현처럼 유엔이 "우리 인민들^{We the Peoples}"의 민주주의를 도와주어야 한다. 유엔이 아니라 국가들 자체가 민주적이어야 한다고 생각한다. 민주주의란 국민 개개인의 대표성과 관련 있는 것이지, 국가의 대표성과 관련 있는 개념이 아니다. 유엔이 민주적인 의사결정을 한다는 아이디어는 유엔이 초국가적^{super-national} 국제기구라는 가정하에서만 가능한 일이다.

Q 글로벌 도전과제에 맞서는 유엔 기관으로서 어떠한 것들이 설립되어야 한다고 여기는가?

A 유엔의 주요의제로서 아동, 분쟁, 여성 문제, 평화유지, 보호책임R2P, 집단학살 등 10개에서 12가지의 도전과제들이 있다. 반기문 사무총장은 이들을 인간보호human protection라는 용어로서 하나의 그룹cluster으로 분류하고, 이 문제들의 해결에 주력하고 있다. 그러나 현재 이러한 문제를 다루는 데 있어서 유엔체제는 여러 개의 단위별로 나뉘어져 있고 응집력과 일관성이 부족한 편이다. 더구나 사이버 안보cyber security, 제재sanctions, 희귀자원scarce resources, 반테러 등의 문제는 새롭거나 복잡한 의제이고 분산되어 다루어지는 것이 현실이다. 따라서 유엔의 보다 긴밀한 업무 조정이 요구된다.

Part 2   [국제기구 총서 워크숍 제2부]

유엔의 미래와 한국 유엔외교의 과제:
외교 현장의 시각*

- 일 시: 2015년 3월 5일(목)
- 장 소: 주유엔대한민국대표부
- 사 회: 오 준(주유엔대사)
- 참가자:
  - 주유엔대한민국대표부: 백지아(차석대사), 정병하(참사관), 이자형(참사관), 김상일(서기관)
  - 유엔사무국: 김원수(Special Adviser to the Secretary-General and *Deputy Chef De Cabinet*, Executive Office of the Secretary-General)
    정 담(Tam Chung, Political Affairs Officer, Office for Disarmament Affairs)
    민병근(Byung-Kun Min, Chief of UNSG, Office of Internal Oversight Services)
    최경희(Security Information Analyst, Threat & Risk Assessment Service, Department of Safety and Security)
  - 연구진: 박흥순(선문대 교수), 정우탁(APCEIU 원장), 김도희(APCEIU 연구원)

---

* 본 장의 내용은 워크숍에서 논의된 내용을 APCEIU가 발췌·정리하여 수록함.

....

국제사회의 변화와 유엔의 개혁과제

국제사회의 변화에 따른 유엔 사무국의 개혁에 대한 견해는, 순전히 개인적이지만 사무국 입장에서는 개혁에 대해 많은 부담을 느끼고 적극적으로 나설 수 없는 상황이다. 또한 회원국들, 특히 P5국가들(미국, 영국, 프랑스, 러시아, 중국)이 개혁에 대한 확고한 의지가 있는지 의문이다. 일부 비관론자들은 유엔은 새로 시작하는 것이 나을지도 모른다는 주장을 하고 있다. 제2차 세계대전 당시 창설된 유엔이 그동안 많이 변화하고 적응해온 것이 사실이다. 그러나 과연 21세기에 걸맞은 국제기구로서 충분한 준비가 되어 있는지, 또한 과연 미래지향적으로 변화할 수 있는지에 대한 고민을 필요로 한다고 본다.

현재 유엔의 개혁과 관련하여서 제기되는 5가지 주요한 논점이 있다.

첫째, 많이 거론된 이슈 중에서 조직의 핵심인 안보리의 개혁이 모든 개혁의 출발이라고 할 수 있다. 하지만 과연 이것이 이루어질 수 있는지와 특히 P5의 개혁이 안보리 내에서 이루어질 수 있는지 또한 의문이 제기되는 것이 현실이다.

둘째, 유엔체제 전반의 개혁 문제이다. 유엔체제는 사무국과 전문기관들 Specialized Agencies을 포함하고 있는데, 사무국 부서들 간에 일이 중복이 된다는 것이 문제점이다. 충분히 인식은 하고 있지만 내부적으로 해결책을 찾기가 어려운 상황이다. 때때로 사무국 간에 서로 리드를 하려는 경쟁도 많은 것 같고, 유엔체제 자체가 굉장히 광범위할 뿐더러 서로간의 커뮤니케이션이 부족하다는 것 또한 큰 문제이다.

셋째, 유엔사무총장의 역할 및 선출방법에 대한 회원국들의 입장이다. 1) 유엔사무총장의 임기보장과 선출방법 개혁에 따른 투명성과 책임감 강화의 논의이다. 사무총장의 임기에 대한 많은 제안들 중, 단임을 선호하는 사람들이 많다. 또한 투명성이 보장되면 7년 동안 나름대로의 본인의 생각으로 조직을 이끌어야 한다는 초심을 느끼지 않을까 생각된다. 선출과정을 투명하게 하기 위해 후보를 2명으로 추려내서 총회에서 선출하자는 방법 또한 제안되었다. 그러나 사무국의 실무진 입장에서는 장·단점이 있다고 생각한다. 사무총장 및 모든 고위직^{senior staff}에 대해서 6년의 고정된 임기를 보장하는 것도 좋은 제안이 될 수 있다고 생각한다. 2) 지역분배의 원칙에 따른 유엔 사무총장의 선출 관련 쟁점이다. 유엔 지역그룹^{regional group}에 대해서도 많은 논쟁이 있다. 예를 들면, 몇몇 국가가 차기 사무총장이 동유럽 지역에서 나와야 한다고 주장하는데 이를 반대하는 사람들도 많다. 그 이유는 시대와 맞지 않고, 현재 많은 동유럽 회원들은 북대서양조약기구^{NATO} 회원국이기 때문이다. 또한 동유럽과 서유럽을 합쳐서 유럽 지역으로 분류하는 제안도 있다. 반면, 중동을 포함한 남아시아, 동남아시아 등 아시아태평양 지역은 너무 광범위하다는 것이 큰 문제점으로 지적된다.

넷째, 비동맹 국가들의 역할 감소와 권한 약화에 따른 개혁 방안이 제기된다. 비동맹 그룹^{NAM}들은 지금으로서는 큰 역할을 못하고 있다. 비동맹회의에서 가끔 자신들의 입장이 달라서 한 소그룹이 움직이고 있으면 다른 비동맹 소그룹이 움직이고 있어 굳이 반대할 필요가 없었던 경우도 많았다. 비동맹도 소그룹으로 서로 맞는 나라들끼리 유엔 내에서 개혁을 해야 한다고 주장한다.

다섯째, 유엔의 역량의 한계와 원인 문제이다. 유엔에 대한 수요가 증가하고 매우 많은 이슈들이 일어났으며 유엔에 대한 외부의 기대심리가 크다. 하지만 여러 문제 때문에 유엔이 기대심리를 만족시킬 수 있기에는 조금 역부족인 것을 실감한다. 외부적으로 유엔이 보이는 것과 실제 유엔 내에서의 모습은 많은 차이가 있다. 외부적으로 보면 유엔이라는 기구, 시스템에 대한 환상을 가진 사람들이 많은 것 같다. 그러한 수요에 맞는 도움을 실질적으로 유엔이 주기에는 많이 역부족인 것은 사실이다. 많은 경우에 회원국들이 유엔의 역할을 기대하면서도 반면 실질적인 활동에 있어서는 많은 제약을 주는 것이 현실이다.

유엔 프로그램의 성과와 평가 문제

유엔개혁이 중요하지만, 그동안 주제 자체가 변하지 않았다는 것은 개혁을 하면서 미뤄왔던 것들이 계속 축적 또는 정체되어 왔기 때문이라고 생각한다. 그것은 15년 동안 유엔을 이끈 코피 아난 사무총장과 다른 고위층들을 보며 느낀 것이다. 유엔이 지난 20여 년간 많은 성과를 거두었고, 특히 지난 15년간 지속된 새천년개발목표[MDGs]와 같은 프로그램들의 경우 많은 진전이 있었다. 그러나 그 업적이 다소 과소평가되고 있는 것 같다. 유엔의 성과가 과대평가되는 것도 문제이지만 과소평가되는 것도 문제라고 생각한다. 따라서 유엔의 미래를 위해서, 지금까지 해왔던 일들에 대한 객관적인 평가가 필요하다고 여겨진다.

유엔 평화유지활동(PKO)에서의 변화와 딜레마

유엔 평화유지활동 경험을 토대로 유엔의 PKO에 대하여 말한다면, 대략 3가지 문제점이 제기되고 있다. 첫째, 효율성의 문제이다. 유엔 사무국 내에서 유엔 DPKO는 유엔 예산의 85%를 차지하고 있을 정도로 큰 부분이다. 그런데 문제는 20년이 지났지만 과연 효율성이 있느냐 하는 것에 대한 비판이 계속 제기되는 것이다. 특히 유엔 PKO의 70~80% 활동은 유엔 안보리에서 유엔헌장 제7장(강제조치)하에서 이루어지지만, 실질적으로는 무력사용이 극히 제한적이다. PKO의 원칙상 자기방어의 목적 외에는 극히 무력사용이 제한되어 있는 것이다. 이것이 유엔 PKO의 효율적 활동을 제약하는 가장 큰 딜레마라고 생각한다.

둘째, 참여도의 문제이다. 유엔 PKO에 참여하는 국가 순위가 방글라데시, 파키스탄, 인도 등으로 주로 개도국들이 참여한다는 점이다. 따라서 작전의 효율성(장비 및 훈련정도 등)이 문제되고 있다. 또한 P5 등 소위 선진국가들 중에는 부대를 파병한 국가는 거의 없다. 그러나 그들의 국가의 이익이 관여될 때는 다르다. 예를 들어, 리비아사태 당시 프랑스는 자국의 이익이 관여되자 즉각 개입했다. 그리고 이들 국가는 PKO 활동의 지휘통제범위 밖에서 참여하기 때문에, 이러한 괴리로 인해 유엔 PKO의 개혁은 쉽지 않을 것으로 보인다.

셋째, 유엔의 입장에서만 보자면 PKO 임무가 확대되고 수십 개의 국가가 참여함으로써 지휘통제 등 모든 PKO 정책에 구속력이 없다는 것도 다른한 가지 문제이다. 정책적 측면에서 PKO 임무의 중요성에 비추어 볼 때이 부분이 또 다른 딜레마 중의 하나이다.

참가자 D

유엔의 주요 당면과제

유엔은 가장 광범위하고 큰 글로벌 거번너스의 주체이다. 그러한 입장에서 유엔의 몇 가지 당면과제를 식별해보고자 한다.

첫째, 식량부족 문제의 해결이다. 전 세계적으로 식량부족 문제가 있지

만, 특히 유엔의 보호하에 유엔이 직접 식량을 공급하거나 보호하는 인구가
1억 명이 넘는다.

둘째, 분쟁 지역 난민보호의 필요성이다. 전 세계 분쟁 지역의 확산과 더
불어 유엔이 보호하는 난민이 급격히 증가하였다. 유엔이 매일 보호하는 난
민이 시리아와 우크라이나를 합쳐 벌써 3,600만이 넘었다. 이들을 위해 유
엔은 난민캠프를 지어주고 보호하는 상황이다.

셋째, 유엔이 보호하고 있는 나라 문제이다. 내전이나 지역분쟁 등으로
유엔이 개입하거나 PKO 활동을 전개하는 국가가 15개국 이상에 이르고 있
다. 이 국가들을 위해서 사용되는 경비, 즉 PKO 경비가 유엔에서 차지하는
비중이 상당함은 물론이다. 그리고 앞에서 논의된 바 주제와 관련하여 의견
을 제시해본다. 먼저, PKO의 효율성의 저하 원인은 무엇인가 하는 점이다.
수많은 분쟁 지역에서의 유엔의 임무로서, 가장 밑바닥의 사람들grass-roots
people을 도와줄 수 있는 것은 유엔시스템밖에 없다고 할 수 있다. 하지만
수많은 병력이 있어도 효율적으로 운영이 되지 않고 위기관리 측면에 있어
서 합의가 잘 되지 않는 것이 PKO의 효율성 저하의 주요 원인이라고 생각
한다. PKO의 양적 팽창만 충족시키는 것이 아니라 질quality적 문제 자체도
충족이 되어야 할 필요가 있고, 이 점에서 크든 작든 개혁이 필요한 것이다.
그러나 유엔이 동원할 수 있는 자원resources에 비해 이슈들의 양이 전 세계
적으로 너무 넘쳐난다. 또한 현장에서 필요한 도움과 그들이 어려움에 대해
뉴욕본부에서는 이해하지 못하는 경우도 있다. 현장과 사무소 간의 유동성
mobility이 매우 중요하며, 현장에서의 효율적인 운영도 유엔의 역할이 긍정
적이냐 부정적이냐를 결정짓는 중요한 요소가 될 수 있다.

다음으로 유엔 내에서의 개혁과제를 안보리와 사무국을 중심으로 살펴보
면, 첫째, 안보리 개혁에서의 근본적인 한계점 문제이다. 유엔개혁 과제 중
안보리 개혁이 가장 큰 이슈이다. 그렇지만 그런 개혁이 바로 유엔의 기초
를 건드리는 일이기 때문에 매우 어려운 사항이다. 이는 유엔의 창설자들이
기초하고 유지해온 것을 변화하려고 오는 데 따르는 제약이다. 결국 강대국
들의 합의가 유지되는 한에서 유엔의 기초가 유지될 수밖에 없는 것이 현실

이다.

둘째, 유엔 사무국의 개혁과제이다. 지금까지 사무국은 회원국들에 대비해 방어벽을 많이 쌓아왔다. 유엔 사무국은 회원국들의 세부관리micro management 시도에 대한 방어벽을 쌓아왔는데, 이것이 오히려 지금에 와서는 업무 지시에 대한 저항으로 남아 있다. 때에 따라서는 지시를 이행하기보다는 문제를 지연시키는 경우가 많다. 또한 분야별 중복이 많고, 아무도 관심이 없거나 다루지 않는 분야도 많이 있다. 이 격차를 어떻게 해소할 수 있을지도 문제다. 사실 유엔 개혁을 생각하면 유엔본부만 생각하는데, 본부에서의 개혁은 저항에 부딪혀서 쉽지 않다. 그래서 반기문 총장은 일선현장field에서의 개혁을 우선시하였다. 유엔 미션 수행의 질을 높이고, 더 효율성을 높이기 위해 필드에서부터 개혁을 시작하고 이것이 본부로 이어져야 한다. 이러한 개혁을 위해서는 회원국들의 협조가 꼭 필요하다고 본다.

참가자 E

한국의 유엔 연구와 중견국외교

한국의 학계는 최근 유엔 및 국제기구 연구에서 많은 진척을 이루고 있다. 국제기구 연구와 연구업적 발간 관련 국내 학계의 관심을 언급하고자 한다. 우선 국제기구 총서 발간의 취지이다. 한국연구재단의 지원으로 국제기구에 관한 총서 시리즈를 출판하는 것으로 단행본 10권을 내는데 2013년에 2권, 2014년에 4권, 그리고 금년도 하반기에 4권이 발간될 예정이다. 요즘 대학생이나 청년들이 유엔 공무원 진출이나 국제기구 활동에 참여하는 희망을 많이 갖고 있는데, 단행본의 마지막 권의 주제인 "국제기구와 한국외교"에서 이 부분을 다루려고 한다. 과연 한국이 국제기구에서 이제까지 해온 것은 무엇이고 앞으로 해야 할 일은 무엇인가, 유엔의 미래는 어떠한가에 대해 학자들의 연구 외에 이 자리에서의 토론을 통해 그것을 정리하여 단행본에 포함시키고자 한다.

둘째, 국제사회에서 중견국으로서의 한국의 위치와 역할 문제이다. 관심사는 한국이 중견국외교를 전개하고 활동해 나가는 데 있어서, 우선 과연한국이 지금까지 유엔 안보리 활동을 통해서 배운 경험은 무엇이고, 글로벌거버넌스의 변화에 어떻게 적응하고 있고 앞으로 어떤 점을 착안할 것인지에 대한 것이다. 또한 한국은 과연 중견국인가, 그리고 한국이 중견국으로서다자외교에서 충실한 역할을 하고 있는가를 생각해 볼 필요가 있다. 가령한국이 다른 중견국인 호주나 캐나다와 비교해서 역할을 잘 수행하고 있는지, 만약 중견국으로서 기대되는 역할이 있다면 어떤 것이 있는지 등에 대한논의가 필요하다고 본다. 우리가 중견국외교를 지향한다고 하면, 어떤 점에서 우리가 지금까지 노력을 해왔고 무엇을 할 수 있는지, 또 그런 것들이실제로 어떻게 이루어지는가에도 관심이 많다. 지난 시기 동안 열심히 유엔은 개혁을 시도했고, 그렇지만 그럼에도 불구하고 유엔에 대한 기대 및 이상과 현실 사이에 괴리가 있는데, 그런 것을 우리가 어떻게 문제의식을 가지고어떻게 다루어갈 것인가 하는 점도 논의가 필요하다고 본다.

셋째, 한국 정부의 다자외교 정책결정 과정의 연구에 대한 관심이다. 한국의 외교정책결정과정에서 내부적으로 외교부나 청와대에서 과연 다자외교에 대한 관심이나 비중이 얼마나 커지는지, 또한 이에 대한 정책이 제대로세워지고 시스템적으로 보완이 되고 있는지에 대해서 주목하고 있다. 어떤요소들이 중요한지와 대통령과 외교부 장관이 얼마만큼 이 사안에 관심이있는가, 아니면 합의나 대화를 통해 의사결정이 가능한 구조가 구성되어 있는지에 대한 연구가 잘 안 되어 있다. 미국의 경우는 외교정책에 관련해서분석회의도 이루어지고 있고 학계와 연구단체think tank 등을 이용해 이러한부분이 충족이 잘 되고 있는데 비해 한국은 미약한 실정이다. 오늘과 같은워크숍은 학자로서 그리고 연구자로서 아주 유익한 기회가 될 것이다.

끝으로, 글로벌 거버넌스 시대에 한국 정부의 유엔에서의 전략이다. 관심사 중의 하나로서 다자외교에 대한 한국 정부의 비전과 추진전략은 무엇인가 하는 점이다. 글로벌 거버넌스 시대에서 유엔을 비롯한 국제사회에 대해서 우리가 어떤 점에서 기여할 수 있느냐, 또한 구체적인 분야까지도 선택과 집중의 전략을 통해서 할 수 있느냐가 관심 분야이다. 가령 지속가능 개발목표^{SDGs}같은 경우에 한국이 그 협상과정에서 어떤 존재감을 드러내고 어떤 기여를 할 수 있고, 또한 반기문 사무총장이 이것을 계기로 해서 어떤 유산^{legacy}을 가질 수 있느냐에 대한 문제도 생각해볼 만한 부분이다. APCEIU와 우리 교육부가 주관하게 될 세계교육포럼^{WEF}을 통해서 세계시민교육이나 GEFI^{Global Education First Initiative} 등을 더욱 본격적으로 추진하는 문제도 주요한 과제가 아닐 수 없다. 안보리 개혁에 대해서도 무엇을 할 수 있는지와 우리가 유엔에 어떤 점에서 더 기여를 할 수 있느냐에 대한 논의도 중요한 과제라고 본다.

참가자 F

유엔의 역할과 가치

유엔의 의미를 조명하고, 21세기에서의 유엔의 가치를 평가해보고자 한다. 한국은 중견국의 입장에서 유엔을 봐야 한다. 유엔은 한국의 국가이익에 기여할 부분이 많고, 한국이 적극 활용해야 할 국제기구이다. 특히 유엔을 역사적인 시각에서 바라보는 것이 필요하다. 유엔은 탄생한지 겨우 70년밖에 되지 않았지만 이제 유엔이 없는 세상은 생각할 수 없을 정도로 뿌리를 내려가고 있다. 지난 70년 동안 세계적 규모의 전쟁은 없었으며, 세계

평화와 발전을 서서히, 조금씩 성취해 나가고 있다. 지난 70년간 새로운 흐름이 나타났다. 부자나라가 가난한 나라를 돕고 지원하는 국제개발원조가 시작되었으며, 2000년대에 들어와서는 전 세계의 절대적 빈곤을 퇴치하기 위해 유엔이 새천년개발목표^{MDGs}를 채택하였다. 이는 인류 역사적 관점에서는 놀랄 만한 패러다임 전환이다. 이와 같은 일들을 유엔이 계속해야 한다. 유엔에 대한 인기, 호감도는 높다고 생각한다. 더욱이 오늘날 국제사회에서는 주권국가로서는 해결할 수 없는 일들이 많기 때문에 국제기구가 필요하며 중요하다. 유엔을 비롯한 국제기구에 대해 보다 긍정적인 시선과 여론 형성이 필요하다.

이와 관련하여 전문기구로서 유네스코의 의미도 살펴보고자 한다. 유네스코는 오늘날 만성적 재정 위기에 처해 있는데, 이런 재정 위기에도 불구하고 계속 유지되고 있는 것은 유네스코라는 '브랜드 파워' 때문이다. 이런 명성은 하루아침에 만들어지는 것이 아니다. 또한 유엔이 현장에서 각광받는 이유 중 하나로 유니세프^{UNICEF}, 유엔난민기구^{UNHCR}, 유엔개발계획^{UNDP} 같이 현장에서 활동하고 있는 기능 기구들 덕분이다. 따라서 유엔, 유네스코, 유니세프 등 유엔기구들의 가치를 재발견하고, 이런 기구들을 소중히 키워나가는 노력이 필요하다.

그리고 대한민국의 1991년 유엔 가입 이후 본격화된 한국 다자외교의 발전을 위해서는 다자외교 전문가 양성이 필요하다. 다자외교는 오랜 세월 다자외교에 대한 경험과 노하우$^{know-how}$, 인적 네트워크가 축적되어야 잘할 수 있기 때문이다. 외교부가 양자외교 전문가와 구분되는 다자외교 전문가를 양성하는 트랙을 만드는 것을 검토해 볼 필요가 있다.

한국의 다자외교의 과제

유엔업무의 경험을 바탕으로 몇 가지 언급하고자 한다. 내년이면 한국이 유엔에 가입한지 25년이 된다. 그간 한국이 유엔무대나 다자외교에서 거둔 성과에 대하여는 새삼 재론할 필요가 없을 것이다. 우리의 국력이 커진 만큼 다자외교무대에서 우리의 지위 또한 상승했고, 주요 글로벌 이슈에 대한 우리나라의 입장에 대한 관심도 증가했다. 우리의 ODA 규모도 굉장히 많이 늘어났는데, 다자외교무대에서 우리의 위상이 높아지고 역할이 증대되는 데에 좋은 여건으로 작용했다.

한국의 유엔 가입이 1990년대 초반에야 이루어짐으로써 상대적으로 유엔무대에서의 활동기간은 짧지만, 유엔의 제반 활동 또한 냉전이 종식된 90년대 초반부터 대폭 활성화되었기 때문에, 한국이 유엔외교의 후발주자임에도 불구하고 실제로 놓친 것은 그리 많지 않다고 본다. 다만, 한국의 유엔 가입 25주년을 앞둔 시점에서 보다 냉철하게 향후 과제를 살펴보는 것이 좋겠다.

유엔은 특히 지난 20년 동안 국제사회의 변화하는 요구에 맞춰 많은 발전을 이루어왔다. 이렇게 많은 일들을 수행하다 보니 유엔시스템 자체가 커지게 되면서 효율성의 문제가 제기되었다. 이는 결국 자원 resource 의 적절한 배분과 효율적인 사용 문제로 이어진다. 우리는 유엔 정규예산에 대한 재정기여국 순위 13위, PKO예산 기여순위 12위에 위치하고 있다. 유엔에 대한 주요 재정기여국으로서 우리는 유엔체제 전반의 효율성과 효과성 제고 문제에 대해 보다 많은 관심을 가지고 우리의 목소리를 내어야 한다고 본다.

한국의 다자외교 활동에 대해서 국제사회의 관심과 기대치가 굉장히 높다. 중견국가로서, 글로벌 이슈해결을 위한 다자주의적인 접근을 지향하는 입장에서, 우리는 유엔이 나가야 할 바람직한 방향에 대한 우리의 비전을 적극적으로 제시해야 한다고 본다. 그러나 우리는 그러한 활동을 뒷받침하기에 충분한 인프라를 아직 갖추지 못하고 있다. 특히 인적 인프라가 부족한데, 분야별 전문가 양성이 긴요하다. 아울러 외교부와 다자외교에서 다루는 중요한 이슈들에 대한 분야별 전문가들이 서로 긴밀히 협력할 수 있는 시스템이 만들어지면 매우 유용할 것이다.

참가자 H

한국의 유엔외교의 방향

국제사회에서의 유엔의 역할은 상당히 크고 중대한 것은 물론이다. 한국만큼 단기간 내에 빨리 성장하여 국제사회에 이바지하고 있는 국가는 없다. 그리고 마침 한국은 중요한 시점에 유엔에 가입하고 지금까지 많은 성과를 거두었다. 하지만, 외교현장에서 보면 양자외교와 다자외교가 충돌할 때가 있다. 그것은 물론 한국만의 문제가 아니며 모든 유엔회원국이 부딪히는 딜레마일 것이다. 이런 점에서 한국이 다자외교를 추진하는 데 있어서 유엔에서의 역할에 대해 고민하면서 여기에 대한 원칙과 가치가 존재해야 한다. 국제사회의 주요 행위자로서 이러한 원칙과 가치를 정립하는 데 노력을 기울여 나가야 할 것이다.

··

중견국 역할을 위한 과제

중견국외교는 기본적으로는 종합적 국력의 측면에서 중견적 위치에 있는 국가가 일정한 가치를 지향하며 강대국과 약소국 사이의 가교역할을 수행하는 것이지만, 넓게 보면 중견국을 대상으로 하는 외교, 중견국과 함께 하는 외교까지도 포괄하는 개념으로 볼 수 있다. 최근 국제적인 규범설정norm-setting 기능이 강화되는 추세에 비추어 중견국외교의 장(場)으로서 다자외교 무대, 특히 유엔에서 한국이 보다 큰 역할을 수행해 나가야 한다. 규범설정은 필연적으로 일정한 규제를 동반하게 마련인데, 우리나라의 경우 규제에 대한 우려 및 저항감이 다소 과도한 측면이 있다. 이로 인하여, 국제사회에서 매우 중요하게 다루어지고 있는 이슈들에 대하여 한국의 위상에 걸맞지 않거나 국제사회의 기대에 부응하지 못하는 입장을 취하는 사례들이 종종 발생하고 있다.

새로운 국제규범 설정에 능동적, 적극적으로 참여하지 못하는 경우는 상당부분이 규범 자체의 당위성에 대한 유보적 입장보다는 추가적인 규제에 대하여 일단 반대하고 보자는 심리에 기인하는 바가 크다. 국내적 제약요인에 얽매여 규범설정으로 인한 득실을 장기적, 종합적인 국익 차원에서 냉철하고 객관적으로 따져보는 노력이 미흡한 점은 앞으로 중견국외교를 전개해 나가는 데 있어 반드시 극복해 나가야 할 문제이다.

다자외교의 발전방향

다자외교로서 '가자^{Gaza}' 재건국제회의가 경험해본 첫 다자외교의 현장이었다. 회의가 이루어지는 동안 국가대표들은 계속 똑같이 수사적인 얘기들을 반복하였다. 솔직히 과연 이러한 다자외교가 적실성이 있는 것인가 하는 의문이 들었다. 하지만 이러한 하나 하나가 모여 국제사회 전체의 근간이 될 수 있다고 여긴다. 따라서 다자외교에 대한 제대로 된 전략을 세우기 위해서는 외교현장을 좀 더 많이 알아야 한다고 생각한다. 그런 점에서 우리나라의 다자외교가 얼마나 현장과 밀착되어 있는지 다시 한번 살펴보아야 할 것이다. 사실, 우리 외교부 내의 다자외교 인프라는 상당히 열악한 편이다. 따라서 한국이 중견국외교나 다자외교를 발전시키기 위해서는 중·장기적으로 다자외교의 인프라를 강화하고 현장성을 더 기를 수 있는 정책을 추진하는 것이 좋을 것이다.

한국의 다자외교 역량강화

유엔의 역할에 대해서 언급하고자 한다. 유엔의 비교우위는 어디에 있는가 하는 점이다. 유엔의 각종 기관 및 기구 중에서, 각종 기금^{Fund}과 프로그램^{Program}은 서비스를 직접 공여^{delivery}하는 곳이다. 이러한 부분은 상대적으로 미션을 수행하기 쉽고 결과 역시 분명하게 드러나기 때문에, 회원국들은 그들의 재원을 유엔의 정규예산으로 지원하기보다는 이들 F/P로 지원하는 데 우선을 두곤 한다. 왜냐하면, 이 부분에서는 기여국^{donor}들이 자신들의 목소리를 낼 수 있기 때문이다. 사무국도 이런 방식으로 진화하고 있다. 상대적으로 유엔자체는 헌장의 6개 기관을 중심으로 다양한 역할을 수행하고 있다.

한국의 다자외교 관련 의견을 피력한다면, 한국은 지난 25여 년간 회원국으로서 국가적 차원에서 할 수 있는 역할을 충실히 수행했다. 하지만 국가 수준이 아닌 중간 수준 즉, 국제기구 전문가의 수준에서는 많이 취약한 것이 현실이다. 이들 전문가들을 어떻게 양성할 것인가. 예를 들면, 공적개발원조^{ODA}나 자발적 기여금^{voluntary contribution} 등의 투자를 통해 한국인을 유엔에 진출 시킬 수 있을 것이다. 유엔에서 한국 직원이 근무하고 있다는 것은 단순 상징적인 의미를 넘어선다. 가령 유엔에서 중요한 문서를 작성하는 경우, 사실상 이 보고서의 방향이 작성자에 의해 결정될 수 있기 때문이다. 즉, 이는 국제기구 전문가를 양성함으로써 우리의 외교력을 간접적으로 신장시킬 수 있는 결과를 낳게 되는 것이다. 따라서 우리는 좀 더 실용적으로 사고하여, 유엔이 추구하는 공통의 가치나 원칙을 지향한다는 점을 천명하면서, 실제 의제설정^{agenda setting}을 할 수 있는 위치에 도달하기 위해서 허리, 즉 중간에서 활약할 국제기구 전문가들을 양성해야 한다. 그러한 방편으로서 가령 ODA의 증액이나 자발적 기여금 확대 등의 방안을 고려해 보아야 한다.

참가자 L

국제기구 총서 연구진의 입장

오늘의 워크숍은 매우 유익한 소통과 배움의 기회가 되었다고 생각된다. 우리가 추진해온 국제기구 총서 프로젝트는 한국적 입장에서 국제기구 연구와 교육을 강화하고, 이론과 현장을 접목하는 것을 목적으로 한다. 오늘 이 자리에서 토론된 바, 유엔과 유엔의 미래, 그리고 한국의 다자외교에 관한 논의들은 국제기구 총서에 게재되어, 학생 및 전문가, 그리고 일반인들에게 특히 유엔외교 현장의 목소리를 전달하게 될 것이다. 이와 같은 워크숍이 앞으로도 좋은 선례가 되어 학계와 정부정책 및 실무자들 간의 의사소통을 넘어 한국의 외교발전에 도움이 되는 상호협력이 계속되기를 기대한다.

<table>
</table>

Part 3 [특별기고]

유엔의 장래:
세계 정부의 가능성*

_오 준 (주유엔대사)

　유엔은 오늘날 우리 세계가 가지고 있는 가장 크고 보편적인 국가 간의 조직이다. 우리 인류가 앞으로 언젠가 지구 전체를 통치하는 세계 정부를 갖게 된다면 그것은 결국 현재의 유엔이 발전하고 강화된 모습일 것이다. 설사 유엔을 해체하고 새로운 국제기구를 만든다고 해도 구성원인 국가들에는 별 차이가 있을 수 없으므로 마찬가지 이야기이다. 국가 단위의 정부들과 비교해 볼 때 훨씬 약한 권한과 느슨한 조직을 가진 유엔이 세계 정부가 될 수 있을까? 결론부터 말하면, 쉽지는 않지만 될 수 있다고 본다. 유엔이 세계 정부가 되려면 넘어야 할 과제가 많은데, 가장 어려운 난관은, 모순적으로 들릴지 모르지만, 현대 국제사회의 기반이 되고 있는 국가주권 평등의

---

* 이 글은 외교부나 주유엔한국대표부의 공식 입장이 아닌 필자의 개인적 견해를 담고 있으며, 필자가 2014년 4월 2일자 『문화일보』에 기고한 논평 "유엔, 세계 정부가 될 수 있을까"의 내용을 확장, 발전시켰음을 밝혀 둔다.

원칙이라고 생각한다.

지난 수백 년간 국제사회는 유럽에서 시작된 민족국가 제도를 바탕으로 발전해 왔다. 모든 국가는 인구나 국력에 관계없이 평등한 주권을 가지고 있다는 원칙에 기초를 둔 것이다. 잘 생각해 보면 이러한 원칙은 상당히 인위적이다. 국가라는 단위는 원래부터 있었던 것이 아니고 인간이 만든 것인데, 왜 국가는 모두 동일한 주권을 가진 것으로 인정해야 하는 걸까? 국내적으로 비유해 본다면 누구든지 같은 고향 사람들이 뭉쳐서 지방자치단체를 구성할 수 있고, 그 구성원이 100만 명이든지 1천 명이든지, 자치단체의 면적이 경상북도만 하든지 서울의 한 동네만 하든지, 동일한 자치권한이 인정되어야 한다는 것과 유사한 논리이다. 유럽에서 처음 국가주권 평등의 원칙이 생겼을 때 작은 규모의 도시국가들도 큰 국가들의 침략으로부터 보호되어야 한다는 취지가 반영되었다는 것은 이해가 되지만, 이를 신성불가침의 원칙으로 다루어서는 국제사회의 발전에 도움이 되지 않는다고 생각된다.

현실 세계에서 국가 간에는 큰 차이가 있다. 인구가 10억이 넘는 국가도 있고 수천 명에 불과한 국가도 있다. 가장 국토 면적이 넓은 나라는 가장 작은 나라보다 4천만 배나 넓다. 경제력이나 군사력과 같은 국력에 있어서도 차이가 크다. 또 하나의 고려사항은 민주주의의 개념을 국제사회에 어떻게 적용시키느냐 하는 문제이다. 유럽에서 국가주권 평등의 원칙이 처음 자리 잡은 때에는 아직 민주주의와 인권 개념의 기초가 된 "모든 인간은 태어날 때부터 평등하다(1948년 세계인권선언 제1조)"는 원칙이 인정되기 전이다. 인간 개개인의 자유와 권한을 존중하는 민주주의의 원칙과 인간이 아닌 국가들이 평등하다는 원칙은 서로 잘 맞지 않을 수밖에 없다. 어떤 국제적인 문제를 두고 전 세계를 대상으로 투표를 한다고 하였을 때, 1인 1표 또는 1국가 1표 중 어느 쪽이 민주주의의 원칙에 맞는지 생각해 보면 알 수 있다. 즉 모든 국가가 동등한 투표권을 갖는 것이 주권평등에 따른 방식은 되겠지만, 인간을 단위로 한 민주주의를 실현하는 것은 아니라고 할 수 있다.

보다 실제적인 문제로 국력의 차이라는 현실을 유엔과 같은 국제기구에 어떻게 반영할 것이냐의 문제가 있다. 이것을 어떤 때는 국제사회의 이상과 현실의 문제라고 표현하기도 하는데, 마치 국가주권 평등의 실현이 "이상적"이라고 하는 것 같아서 적절한 표현은 아닌 것 같다. 아무튼 역사적으로 보면 주권평등의 원칙을 철저히 적용하려 하였던 국제연맹은 결국 강대국들의 불참과 외면으로 제대로 작동하지 못하였다. 그러한 교훈을 염두에 두고 탄생한 국제연합, 즉 유엔은 강대국(전승국)들의 이해를 제도적으로 반영함으로써 강대국을 포함한 모든 국가의 유엔 참여를 확보하였다.

유엔을 창설할 때 이러한 "현실"은 가장 강력한 권한을 가진 안전보장이사회에 집중적으로 반영되었다. 일반적인 다수결 방식으로 운영되는 총회 등 다른 기관들의 결정은 구속력이 없는 권고적 성격이지만, 안보리는 모든 회원국을 강제적으로 구속하는 결정을 내릴 수 있다. 유엔 회원국은 헌장 25조에 따라 유엔에 가입할 때 안보리의 결정을 수락하고 이행하겠다고 약속하기 때문이다. 제2차 세계대전의 5대 전승국은 거부권을 가진 안보리 상임이사국으로서의 특권을 보유하고, 이들의 동의가 없이는 헌장도 개정할 수 없도록 하였다. 이에 따라 유엔은 국제연맹처럼 강대국의 외면을 받지 않고, 지난 70년간 국제평화 유지의 기능을 수행해 왔지만, 국제사회의 변화에 적응하기 어렵다는 한계를 보여 주고 있다.

그러한 문제점을 한 마디로 표현한다면 "현실"을 안보리라는 한 기관에만 집중해서 지나치게 반영한 것이 문제라고 할 수 있다. 세계화가 빠른 속도록 진행되고 있는 오늘의 세계에서 인류가 처한 도전과 문제들은 평화와 안보에만 있는 것이 아니고, 경제, 사회, 환경, 인권 등 다양한 분야에서 오히려 더 심각한 문제들이 제기되고 있다고 할 수 있다. 그런데 평화와 안보 분야에서는 강대국들의 권한을 지나치게 강하게 반영해 놓아서 중요한 국제분쟁에 거부권 사용으로 유엔의 행동이 제약되는 일이 흔하고, 경제, 사회, 환경, 인권 문제들에 있어서는 유엔이 구속력 있는 결정을 할 수가 없어서 행동의 실효성이 의문시되는 경우가 많다. 경제 분야에서 G20같은 유엔 외부의 비공식 협의체가 생겨난 것도 유엔 제도권 내에 경제 대국들의 특권을 인정해 주는 장치가 없기 때문이라고도 할 수 있다. 이렇게 보면, 유엔 전체가 제대로 역할을 하려면 안보리에서의 "현실 반영"은 완화시키고, 유엔 내 다른 기관에서의 "현실 반영"은 강화시킬 필요가 있는 것이다. 유엔이 세계 정부에 가깝게 진화하는 데 필요한 개혁 중의 하나이다.

세계 정부라는 개념은 오늘날처럼 주권국가들 간의 갈등과 대립이 심한 상황에서 너무 이상적인 목표로 들릴지 모른다. 그러나 사실은 이미 여러 형태의 국제기구들이 글로벌 거버넌스, 즉 세계적 통치를 제공하고 있다. 특히 기술, 교통, 금융 같은 실질적인 분야에서는 강제적인 통치를 하지 않아도 스스로의 이익에 따라 국가들이 국제기구가 제공하는 규율과 통제를 지키고 있는 것을 흔히 볼 수 있다. 포괄적인 글로벌 거버넌스를 제공해야 하는 유엔으로서는 이렇게 국가들이 스스로의 이해에 따라 받아들이는 국제적인 규범과 통치의 범위를 넓혀 나갈 필요가 있다. 그러려면 국가들이 유엔의 의사결정에 각기 적절한 수준의 역할을 할 수 있도록 제도적인 보장이 필요하다.

민주주의라는 당위성만을 놓고 볼 때는 세계 인구 모두가 직접 투표를 통해 세계 헌법을 만들고 지도자를 선출하는 방법도 생각할 수 있지만, 현재의 주권국가 제도를 완전히 무시하지 않는 한 불가능할 것이다. 인구가 적은 주권국가, 특히 인구가 적어도 큰 국력을 가진 국가들로서는, 아무리 민주주의의 이상에 맞다고 해도 받아들이기 어렵다. 그렇다면 국가들의 주권을 인정해 주면서도 인구나 국력의 차이가 반영이 될 수 있는 또 다른 방안을 찾아야 한다. 여기에 참고가 될 수 있는 예가 미국의 연방제도나 EU의 의사결정방식이다. 미국은 50개 주의 개별적인 자치권을 인정해서 연방 상원은 각 주의 인구나 면적에 무관하게 똑같이 2명씩 선출한 상원의원으로 구성되는 한편, 대통령과 하원은 인구에 기초한 선거를 통하여 선출된다. 즉, 인구가 많은 주는 대통령과 하원의원의 선출에 있어서 더 큰 영향력을 가지게 되는 것이다. EU도 원칙적으로 모든 회원국이 동등한 자격으로 가입하지만, 유럽의회는 인구 단위로 선출되어 인구가 많은 국가는 더 많은 의원을 갖게 되고, 유럽이사회에는 강대국들이 더 큰 결정권을 가질 수 있도록 가중투표제 같은 장치가 마련되어 있다. 즉, 주권 평등의 원칙이 인구와 국력이라는 현실과 타협하고 있는 것이다.

유엔이 세계 정부가 되려면 이처럼 국가주권 평등의 원칙과 국제사회의 현실 간의 타협점을 찾는 지혜가 필요하다. 이러한 과정에서 국력이나 인구에 있어서 세계 평균에 미치지 못하는 국가들은 자연히 주권 평등이 더 존중되기를 바랄 것이고, 그 반대의 경우는 현실의 반영을 더 중시할 것이다. 물론 많은 시간이 필요한 일이다. 세계 26위의 인구(남북통일 시 18위)와 10위권의 경제력을 가진 우리나라로서는 유엔의 글로벌 거버넌스가 더욱 발전되어 인류가 직면한 각종 지구적 도전에 효과적으로 대응할 수 있는 체제를 가질 수 있도록 기여할 필요가 있다고 생각한다. 이제는 우리의 국익이 한반도를 넘어서, 새로운 미래를 열어나가는 인류의 공동 노력에 앞장서 나가는 데에도 분명히 있을 수 있기 때문이다.

참·고·문·헌

〈국문 자료〉

강선주. "박근혜 정부의 공적개발원조 정책: 과제와 전망." 국립외교원 외교안보연구
　　소. 「주요국제문제분석」. 2013.4.5.
＿＿＿. "한국의 중견국외교: MIKTA 출범과 개발협력." 국립외교원 외교안보연구소.
　　「주요국제문제분석」. 2013.10.24.
국방대학교 국가안전보장연구소. 『안보학술논문집』 23집(상). 2012.
김달중. "외교정책의 연구현황과 내용." 1995.
김달중 편저. 『외교정책의 이론과 이해』. 도서출판 오름, 1995.
김영철·박창건. "외환위기 이후 동아시아 지역주의: 한·중·일 3국을 중심으로."『한
　　국과 국제정치』 제21권 3호. 2005년 가을.
김우상. 『신한국책략 III: 대한민국 중견국외교』. 세창, 2011.
남정호. 『반기문, 나는 일하는 사무총장입니다』. 서울: 김영사, 2014.
문정인. "외교정책이론: 경제외교정책의 구성과 평가." 1995.
박재창 엮음. "NGO의 국내사회적·지역적·전지구적 차원의 역할에 대하여."『지구
　　화시대의 한국시민사회』. 아르케, 2011.
박태희. "중국의 유엔 평화유지활동 참여 정책에 관한 연구."『군사논단』(73). 2013.
박흥순. "중진국의 역할과 다자외교." 신정현 외 공저,『21세기 한국의 선택』. 도서

출판우석, 1997.

_____. "유엔안보리 비상임이사국의 역할: 한국을 위한 함의."『외교』제93호.
　　　2010.

_____. "유엔가입 20년의 성과와 평가."『국제평화연구』제4권. 2011.

_____. "한국안보를 위한 국제기구의 역할과 활용전략."『안보학술논집』제23집 상.
　　　2012.12.

_____. "한국과 국제기구 외교: 다자외교 정책결정체제와 이행." 한국정치학회 춘계
　　　학술회의 발표문. 한양대, 2015.4.24.

_____.『국제기구론: UN, 다자외교, 한국』. 선문대학교출판부, 2015.

신동익. "2014년 글로벌 다자외교의 성과와 향후 과제."『외교』제112호. 2015.1.

외교부.『외교백서 1994』.

_____.『외교백서 2008』.

_____.『외교백서 2009』.

_____.『외교백서 2014』(부록).

_____.『한국외교 60년: 1948~2008』. 서울: 외교통상부, 2009.

_____.『성숙한 세계국가: 국민과 함께 더 넓은 세계로』. 외교통상부 정책자료집,
　　　2008.2~2013.2. 2013.

_____.『2014 유엔개황』. 2014.

_____.『2015 유엔개황』. 2015.

유엔연합(UN).「유엔 COI 보고서」. 2014.3.

윤영관. "남북한 관계와 동북아 다자협력." 동아일보 창간 81주년 기념 한중일 국제
　　　학술회의.『동북아시아의 평화와 협력』발표논문. 2001년 4월 13일.

이상현. "복합 국제정치질서와 한국의 네트워크 외교전략."『안보전략』. 세종연구소.
　　　2014.2.10.

이서항. "유엔과 한국, 그리고 세계평화." 박흥순·조한승·정우탁 엮음.『유엔과 세
　　　계평화』. 유네스코 아태교육원 국제기구 총서 2권. 서울: 도서출판 오름,
　　　2013.

이신화. "다자외교시대 프롤로그." 화정평화재단·21세기평화연구소.『다자외교강국
　　　으로 가는 길』. 평화포럼 21. 2009.

이종선. "외교정책의 이론사적 재평가." 1995.

장윤정.「인천광역시 국제기구 유치방안연구」. 인천발전연구원 연구보고서, 2010.

전봉근. "국가안보총괄체제 변천과 국가안보실 구상." 국립외교원 외교안보연구소.

조정현. "유엔 북한인권 조사위원회(COI)" 보고서 분석 및 평가. 국립외교원 외교안

보연구소. 「주요국제문제분석」. 2014.3.7.
통일연구원. "박근혜정부의 외교정책과제." 「주요국제문제분석」 2013 봄 특별호.
_____. 「2013 유엔인권이사회 북한인권특별보고관 보고서」. 통일연구원 북한인권
　　자료집, 2013.
화정평화재단·21세기평화연구소. 『다자외교강국으로 가는 길』. 평화포럼 21. 2009.

〈외국어 자료〉

Drifte, Reinhard. *Japan's Foreign Policy in the 1990s: From Economic Super-power to What Power?* New York: St. Martin's Press, 1996.

Han, Sukhee, and Luo Jianbo. "China's Multilateral Strategy." IGCC Policy Brief, No.6, USCD IGCC, August 2012.

Kenneth, W. *Waltz, Man, State, War.* New York, Columbia Univ. Press, 1966.

Kim, Sanbae. *The Inter-network Politics of Cyber Security and Middle Power Diplomacy: A Korean Perspective.* Seoul: East Asia Institute, October 2014.

Lee, Hong Koo. "Nostalgia for Empire, Yearning for Democracy and Global Governance." Synopsis for Dinner Spech at the Trilateral Commission. April 25, 2015, The National Assembly, Seoul.

Lee, Shin-wha. "Does Helmet Color Matter? Discrepancy in Korea's International Peace Operation." *Korean Journal of Political Science*, Vol.48, No.3. 2014.

Muldon Jr., James et al., eds. *Mulitilateral Diplomacy and th United Nations Today.* New York, Westview Press, 2005.

Murphy, Craig N. "The Last Two Centuries of Global Governance." *Global Governance: A Review of Multilateralsim and International Organi-zations*, Vol.21, No.2. April-June 2015.

Peter Luunsky-Tieffenthal. "Conference Diplomacy from Vienna to New York: A Personal Reflection."

Reinaide, Bob. "From the Congress of Vienna to Present-Day International Organizations." In *UN Chronicle*, Vol.LI, No.3. December 2014.

Rosenau, James N. "Introduction: New Directions and Recurrent Questions in the Comparative Study of Foreign Policy." In Charles F. Hermann, Charles W. Kegley, Jr. and James N. Rosenau, eds. *New Directions in the Study of Foreign Policy*. Boston: Allen & Unwin, 1987, p.1.

_____. "Pre-theories and Theories of Foreign Policy." Barry Farrel, ed. *Approaches to Comparative and International Politics*. Evanston, IL, Northwestern Univ. Press, 1996.

Ruggie, John Gerad, ed. *Mulitilateralism Matters: The Theory and Praxis of an International Form*. New York, Columbia Univ. Press, 1993.

The White House. *National Security Strategy*. Washington: the White House, February 2015.

Union of International Association(UIA). *Yearbook of International Organizations 2014~2015* Herndon, VA: UIA.

UNITAR. *UNITAR Jeju International Training Center: Building Capacities for Sustainable Future*. Jeju: cifal JITC Jeju, March 2015.

United Nations Office of the High Commissioner for Human Rights(OHCHR). Report of the commission of inquiry on human rights in the Democratic People's Republic of Korea — A/HRC/25/63, March 2014.

Zhang, Guihong. "China and UN PKOs: Participation and Contribution." speech by Zhang Guihong at Center for UN studies, Fudan University Shanghai UN Research Association.

〈인터넷 및 언론 자료〉

국무조정실. "2014 ODA 실적 보도자료." http://psec.go.kr/pmo/news/news01.js
　　　p?mode=view&article_no=48067&board_wrapper=%2Fpmo%2Fnews%2
　　　Fnews01.jsp&pager.offset=0&board_no=3(검색일: 2015.4.8).

국방부. "세계속의 한국군 — 해외파견현황." 2015년 6월 11일, http://www.mnd.go.
　　　kr/user/boardList.action?command=view&page=1&boardId=I_43923&bo
　　　ardSeq=I_1932412&titleId=null&siteId=mnd&id=mnd_010704000000

기획재정부. "국제기구 유치현황과 추가 유치 활성화 방안." 2012년 11월 21일 보도
　　　자료.

"대형 국제기구 하나가 글로벌기업 서너 개 효과." 조선일보 이코노미플러스, 스페셜
　　　리포트. 2013년 2월(100호), http://economyplus.chosun.com/special/sp
　　　ecial_print.php?t_num=6807&tableName=article_2005_03&boardName=
　　　C01&t_ho=100&t_y=2013&t_m=02

"부산시, '국제기구 유치' 탄력 … '일자리 창출' 기대." 『NEWSIS 부산』. 2014년 10월
　　　24일, http://www.newsis.com/ar_detail/view.html?ar_id=NISX20141024
　　　_0013252213&cID=10811&pID=10800

사이버 유엔기념공원. "역사." http://unmck.or.kr/kor_un_01_1.php

"서울시, 국제기구 유치에 발 벗고 나선다." 『머니투데이 뉴스』. 2012년 1월 19일,
　　　http://www.mt.co.kr/view/mtview.php?type=1&no=2012011914098242
　　　109&outlink=1

외교부 유엔자료실. "2014년도 국제기구분담금 예산 현황." 2014년 1월 10일, http://
　　　www.mofa.go.kr/trade/un/data/administrative/index.jsp?menu=m_30_6
　　　0_20&tabmenu=t_3

　　　. "남북한 국제기구 가입현황." 2015년 3월, http://www.mofa.go.kr/trade/
　　　un/data/general/index.jsp?mofat=001&menu=m_30_60_20&sp=/webmo
　　　dule/htsboard/template/read/korboardread.jsp%3FtypeID=6%26boardid
　　　=89%26tableName=TYPE_DATABOARD%26seqno=354370

　　　. "우리의 유엔 PKO 참여활동 2015." 2015년 4월 7일, http://www.mofa.
　　　go.kr/trade/un/data/pko/index.jsp?menu=m_30_60_20&tabmenu=t_2

외교부 이슈별 자료실. http://www.mofa.go.kr/trade/un/data/general/index.jsp?
　　　menu=m_30_60_20&tabmenu=t_1(검색일: 2015.4.20).

유네스코한국위원회. "유네스코와 한국." http://www.unesco.or.kr/about/sub_05.
　　asp
"인천시, 국제기구 유치 TF 팀 운영."『시사인천』. 2008년 1월 22일, http://www.
　　bpnews.kr/news/articleView.html?idxno=7944
일본 외무성. "国連 PKO・政治ミッションへの派遣: 中国・韓国・ドイツとの比較."
　　http://www.mofa.go.jp/mofaj/files/000019811.pdf
_____. "일본의 외교정책."『이슈 라이브러리』(2005), http://www.agendanet.co.
　　kr/zb41pl7/bbs/view.php?headfile=&footfile=&id=dip_sub1&page=4&
　　no=37
"제주, 환경분야 국제기구 동반자로 성장."『한라일보』. 2014년 11월 14일, http://
　　m.ihalla.com/article.php?aid=1415951521481210073
조동성. "국제기구 유치하고 성공하기."『한국일보』. 2014년 5월 20일. http://www.
　　hankookilbo.com/m/v/51c9cbc6d2224f2bba56d352996569ca
"중국, '천안함' 한 배 올라타긴 했지만 … 여전히 '만만디'."『세계일보』. 2010년 5월
　　31일, http://www.segye.com/content/html/2010/05/30/20100530002095.
　　html
"중국, 25년간 유엔 평화유지군 3만명 넘게 파병."『연합뉴스』. 2015년 6월 29일.
『중앙일보』. "아스팍 창설 뒷얘기." [남기고 싶은 이야기들] 제92화 오프 더 레코드
　　(47) 1999년 10월 27일(검색일: 2015.8.17).
통계청. e-나라지표 부문별 지표. "우리국민의 국제기구 진출현황." 2013년 12월,
　　http://www.index.go.kr/potal/main/EachDtlPageDetail.do?idx_cd=1679
_____. "e-나라지표." http://www.index.go.kr/potal/main/EachDtlPageDetail.do
　　?idx_cd=1687
"'한국피로감'・'中경사론' … 日 '외교프레임'에 갇힌 韓외교."『문화일보』. 2015년 3
　　월 30일.

"Fire on the City Gate: Why China Keeps North Korea Close." International
　　Crisis Group, Media Release, Dec. 9, 2013, http://www.crisisgroup.org/
　　en/publication-type/media-releases/2013/asia/fire-on-the-city-gate-why-
　　china-keeps-north-korea-close.aspx
Global Policy Forum. "Changing Patterns in the Use of the Veto in the Security
　　Council." http://www.globalpolicy.org/security/data/vetotab.htm
Green Climate Fund(GCF). "Background." http://www.gcfund.org/about/the-

fund.html

Ministry of Foreign Affairs of Japan. "Japan's Contribution to UN Peacekeeping Operations." May 14, 2015, http://www.mofa.go.jp/policy/un/pko/

United Nations Careers. "Where We Are." https://careers.un.org/lbw/home.aspx? viewtype=VD

United Nations Central Emergency Response Fund(CERF). "Tod Donors of 2014." http://www.unocha.org/cerf/; United Peacebuilding Fund(PBF). "Contributions."http://www.unpbf.org/donors/contributions/

부·록

【부록 1】 유엔기구 조직도

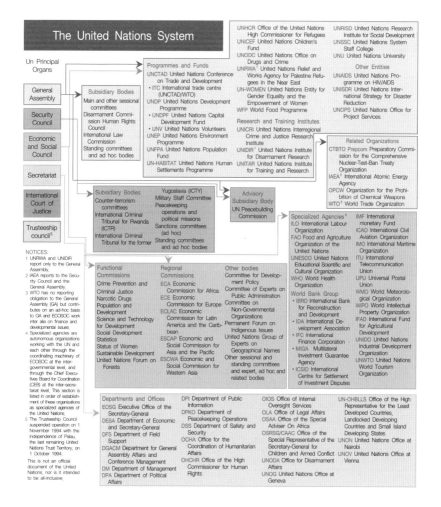

[출처] www.un.org(검색일: 2015.7.23)

【부록 2】 외교부 조직도

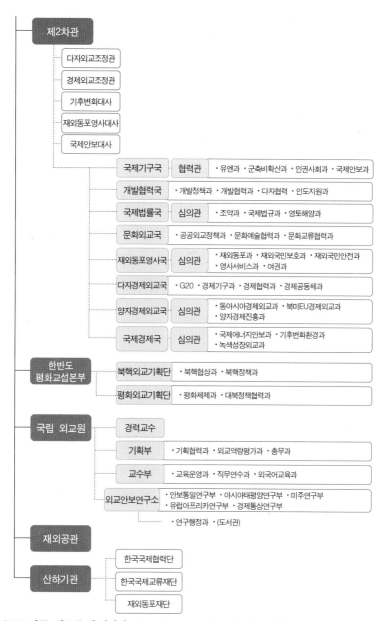

제2차관		
다자외교조정관		
경제외교조정관		
기후변화대사		
재외동포영사대사		
국제안보대사		
국제기구국	협력관	·유엔과 ·군축비확산과 ·인권사회과 ·국제안보과
개발협력국		·개발정책과 ·개발협력과 ·다자협력 ·인도지원과
국제법률국	심의관	·조약과 ·국제법규과 ·영토해양과
문화외교국		·공공외교정책과 ·문화예술협력과 ·문화교류협력과
재외동포영사국	심의관	·재외동포과 ·재외국민보호과 ·재외국민안전과 ·영사서비스과 ·여권과
다자경제외교국		·G20 ·경제기구과 ·경제협력과 ·경제공동체과
양자경제외교국	심의관	·동아시아경제외교과 ·북미EU경제외교과 ·양자경제진흥과
국제경제국	심의관	·국제에너지안보과 ·기후변화환경과 ·녹색성장외교과

한반도 평화교섭본부
- 북핵외교기획단 · 북핵협상과 · 북핵정책과
- 평화외교기획단 · 평화체제과 · 대북정책협력과

국립 외교원
- 경력교수
- 기획부 · 기획협력과 · 외교역량평가과 · 총무과
- 교수부 · 교육운영과 · 직무연수과 · 외국어교육과
- 외교안보연구소 · 안보통일연구부 · 아시아태평양연구부 · 미주연구부 · 유럽아프리카연구부 · 경제통상연구부
   · 연구행정과 · (도서관)

재외공관

산하기관
- 한국국제협력단
- 한국국제교류재단
- 재외동포재단

[출처] 한국 외교부 홈페이지, http://www.mofa.go.kr/introduce/oranization/chart/index.jsp?mofat=001&menu=m_70_20_20(검색일: 2015.7.10)

【부록 3】 전 세계 국제기구 주요 소재지

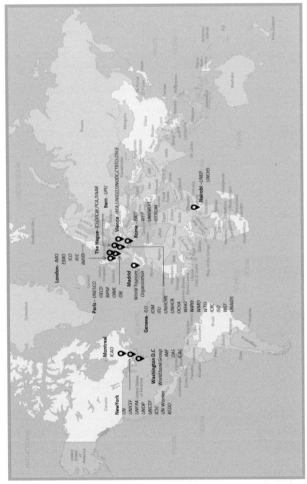

[출처] http://www.state.gov/p/io/empl/126305.htm(검색일: 2015.7.23); https://en.
wikipedia.org/wiki/List_of_international_organizations_based_in_Geneva;
http://www.mapsofworld.com/un-hq.htm(검색일: 2015.7.28)
위 세 곳 사이트의 자료를 종합하여 APCEIU에서 재구성함

【부록 4】 전 세계 및 아시아 주요 국가의 유엔 분담금

1) 국가별 유엔 정규예산분담률(2013~2015)

순위	국가	정규예산분담률
1	미국	22.00%
2	일본	10.833%
3	독일	7.141%
4	프랑스	5.593%
5	영국	5.179%
6	중국	5.148%
7	이탈리아	4.448%
8	캐나다	2.984%
9	스페인	2.973%
10	브라질	2.934%
11	러시아	2.438%
12	호주	2.074%
13	한국	1.994%
14	멕시코	1.842%
15	네덜란드	1.654%

[출처] 외교부 이슈별 자료실, "국제기구 분담금 납부현황," http://www.mofa.go.kr/trade/un/data/administrative/index.jsp?menu=m_30_60_20&tabmenu=t_3(검색일: 2015.7.23)

2) 아시아 각국의 유엔 기여금 현황

국가명	분담률	순위
일본	12.53	1
중국	5.148	2
한국	1.994	3
인도	0.666	4
싱가포르	0.384	5
인도네시아	0.346	6
말레이시아	0.281	7
태국	0.239	8
인도네시아	0.154	9
베트남	0.042	10
브루나이	0.026	11
스리랑카	0.025	12
방글라데시	0.01	13
미얀마	0.01	14
캄보디아	0.004	15
몽골	0.003	16

* 유엔 정규예산분담률 산정방식
* 유엔 가입 아시아 국가 45개
* 분담률 중복 시 이름순으로 배열

[출처] 외교부, 유엔개황(2014.8), pp.192-201

【부록 5】 유엔 PKO 파병 현황

1) 아시아 주요 국가의 PKO 파병 현황

(단위: 명, 2015년 6월 기준)

순위	국가	Police	Military Experts	Troops	Total
1	인도	991	55	6962	8008
2	네팔	960	51	4310	5321
3	중국	176	23	2883	3082
4	인도네시아	178	36	2521	2735
5	몽골	0	14	930	944
6	말레이시아	15	21	842	878
7	한국	3	16	597	616
8	스리랑카	59	19	509	587
9	일본	0	0	272	272
10	필리핀	24	5	157	186
11	태국	9	6	7	22
12	베트남	0	2	3	5
13	동티모르	0	3	0	3

[출처] Troop and police contributors, "Contributions by Country," http://www.un.org/en/peacekeeping/resources/statistics/contributors.shtml(검색일: 2015.7.23)

2) 한국 PKO 파병 현황

(2015년 3월 기준)

국가(유엔임무단)	임무	부대 성격 및 규모	최초 파견
레바논 (UNIFIL)	평화정착 및 재건지원	동명부대-316명(보병)	07.7월
		사령부-장교 4명	07.1월
남수단 (UNMISS)	재건지원 및 정전감시	한빛부대-290명(공병)	13.1월
		사령부-장교 7명	11.7월
인도·파키스탄 (UNMOGIP)	카시미르 지역 정전감시	장교 7명	94.11월
라이베리아 (UNMIL)	정전감시	장교 2명	03.10월
		경찰 3명	14.4월
수단 다푸르 (UNAMID)	평화협정 이행 지원	장교 2명	09.6월
코트디부아르 (UNOCI)	정전감시	장교 2명	09.7월
서부사하라 (MINURSO)	평화협정 이행 지원	장교 4명	09.7월
총계		군병력 634명	
		경찰 3명	

[출처] 외교부 이슈별 자료실, http://www.mofa.go.kr/trade/un/data/pko/index.jsp?menu=m_30_60_20&tabmenu=t_2(검색일: 2015.7.23)

3) PKO 파병법

국제연합 평화유지활동 참여에 관한 법률
[시행 2015.8.4.] [법률 제13123호, 2015.2.3., 일부개정]

제1조(목적) 이 법은 국제연합 평화유지활동에 참여할 파견부대와 참여요원의 파견 및 철수 등에 관한 사항을 규정함으로써 대한민국이 국제연합 평화유지활동에 보다 신속하고 적극적으로 참여하여 국제평화의 유지와 조성에 기여함을 목적으로 한다.

제2조(정의) 이 법에서 사용하는 용어의 정의는 다음과 같다. 〈개정 2015.2.3.〉
1. "국제연합 평화유지활동"(이하 "평화유지활동"이라 한다)이란 국제연합의 안전보장이사회가 채택한 결의에 따라 국제연합 사무총장이 임명하는 사령관의 지휘하에 국제연합의 재정부담으로 특정 국가(또는 지역) 내에서 수행되는 평화협정 이행 지원, 정전 감시, 치안 및 안정 유지, 선거 지원, 인도적 구호, 복구·재건 및 개발 지원 등을 비롯한 제반 활동을 말한다. 다만, 개별 또는 집단의 국가가 국제연합의 승인을 받아 독립적으로 수행하는 평화유지 또는 그 밖의 군사적 활동은 포함하지 아니한다.
2. "파견부대"란 평화유지활동에 참여하기 위하여 해외에 파견되는 국군부대(개인 단위로 활동하는 군인들의 결합이나 연합은 제외한다)를 말한다.
3. "참여요원"이란 평화유지활동에 참여하기 위하여 해외에 파견된 군인(파견부대에 속한 군인은 제외한다), 경찰, 그 밖의 공무원 또는 민간인을 말한다.
4. "재해"란 「재난 및 안전관리기본법」 제3조제1호에 따른 재난(테러행위를 포함한다)으로 인하여 발생하는 피해를 말한다.
5. "물자협력"이란 평화유지활동 및 그에 필수적으로 수반되는 업무와 파견

부대의 안전보장, 파견부대 소속 군인 및 참여요원의 신변안전 보호, 사고 예방 및 재해방지에 필요한 물자를 외국의 정부·군대에 지원·양도하거나 외국의 정부·군대로부터 지원받거나 양수하는 활동을 말한다.

제3조(상비부대의 설치·운영) ① 정부는 평화유지활동에의 참여를 위하여 상시적으로 해외파견을 준비하는 국군부대(이하 "상비부대"라 한다)를 설치·운영할 수 있다.

② 제1항의 상비부대의 설치 및 운영에 관한 사항은 대통령령으로 정한다.

제4조(임무수행의 기본원칙) 파견부대 및 참여요원은 국제법을 준수하고 국제연합이 부여하는 권한과 지침의 범위 내에서 성실히 임무를 수행하여야 한다.

제5조(평화유지활동 참여의 결정) ① 국제연합이 평화유지활동에 대한민국의 참여를 요청하면 외교부장관은 이를 국방부장관에게 통보하고 상비부대 등의 파견에 관한 사항을 협의하여야 한다. 〈개정 2013.3.23.〉

② 정부는 상비부대 등의 파견을 위하여 해당 국가 또는 지역에 조사단을 파견하여 현지 정세, 안전 상황 등 현지의 전반적인 여건을 파악하고 이에 대한 보고서(이하 "조사활동보고서"라 한다)를 작성하여야 한다.

③ 정부는 국무회의의 심의와 대통령의 재가를 거쳐 국제연합이 요청한 평화유지활동에 국군부대를 파견할 것인지 여부, 파견 목적·규모·기간·임무 등에 대하여 결정한다.

제6조(국군부대 파견의 국회 동의) ① 정부가 평화유지활동 참여를 위하여 국군부대를 해외에 파견하고자 할 때에는 사전에 국회의 동의를 받아야 한다.

② 정부는 제1항에 따라 국회에 파견동의안을 제출할 때에는 다음 각 호의 사항을 첨부하여야 한다. 〈개정 2015.2.3.〉

1. 조사활동보고서
2. 파견지
3. 국군부대 파견의 필요성

4. 파견부대의 규모

5. 파견기간

6. 파견부대의 임무

7. 파견부대의 안전보장, 파견부대 소속 군인 및 참여요원의 신변안전 보호, 사고예방 및 재해방지를 위한 대책

8. 그 밖에 국군부대 파견과 관련된 자료로서 대통령령으로 정하는 것

③ 정부는 병력 규모 1천명 범위(이미 파견한 병력규모를 포함한다)에서 다음 각 호의 요건을 모두 충족하는 평화유지활동에 국군부대를 파견하기 위하여 제2항 각 호의 사항에 관하여 국제연합과 잠정적으로 합의할 수 있다.

1. 해당 평화유지활동이 접수국의 동의를 받은 경우

2. 파견기간이 1년 이내인 경우

3. 인도적 지원, 재건 지원 등 비군사적 임무를 수행하거나, 임무 수행 중 전투행위와의 직접적인 연계 또는 무력사용의 가능성이 낮다고 판단하는 경우

4. 국제연합이 신속한 파견을 요청하는 경우

제7조(국군부대의 파견) ① 정부는 제6조의 동의를 받아 평화유지활동에 국군부대를 파견하는 경우 국제연합 및 관련국 정부 등과 긴밀히 협의하여 상비부대 등의 파견이 신속하게 이루어지도록 노력한다.

② 외교부장관은 국방부장관과 협의하여 제1항에 따른 협의를 추진하고 관련 국제협정을 체결한다. 〈개정 2013.3.23.〉

③ 국방부장관은 평화유지활동 파견부대의 형태와 규모를 판단하고 파병업무에 관한 세부 지침 및 절차를 마련하여 시행한다.

제8조(파견기간의 연장) ① 정부가 파견부대의 파견기간을 연장하고자 하는 경우에는 사전에 국회의 동의를 받아야 한다.

② 제1항에 따른 연장기간은 1년을 원칙으로 하고, 파견연장 동의안의 제출에 관하여는 제6조제2항을 준용한다.

③ 정부는 제1항에 따른 파견연장 동의안을 파견부대의 파견 종료 2개월 전까지 국회에 제출하여야 한다. 다만, 제9조에 따른 정부의 파견 종료 결정 이후에 국제연합으로부터 파견연장 요청이 있는 경우에는 그러하지 아니하다. 〈신설 2015.2.3.〉

제9조(파견의 종료) 정부는 다음 각 호의 어느 하나에 해당하는 경우 파견부대의 파견을 종료할 수 있다.

1. 파견부대가 그 임무를 완수한 경우
2. 파견기간 종료 전에 파견부대를 더 이상 유지할 필요가 없다고 판단하는 경우

제10조(파견의 종료 요구) ① 국회는 파견부대의 임무나 파견기간이 종료되기 전이라도 의결을 통하여 정부에 대하여 파견의 종료를 요구할 수 있다.

② 정부는 특별한 사유가 없는 한 제1항에 따른 국회의 파견 종료 요구에 따라야 한다.

제11조(국회에의 보고 등) ① 정부는 매년 정기국회에 파견부대의 구체적인 활동성과, 활동상황, 임무 종료 및 철수 등 변동사항을 보고하여야 한다. 〈개정 2015.2.3.〉

② 정부는 파견 종료 후 3개월 이내에 활동결과보고서를 작성하여 국회에 제출하여야 한다. 〈신설 2015.2.3.〉

③ 정부는 다음 각 호의 어느 하나에 해당하는 경우에는 국회에 해당 사실을 보고하여야 한다. 〈신설 2015.2.3.〉

1. 국제연합으로부터 평화유지활동에 대한 참여 요청이 있는 경우
2. 파견부대 임무의 내용을 변경하려는 경우

[제목개정 2015.2.3.]

제12조(교육 및 훈련) 각 중앙행정기관의 장은 평화유지활동에 참여할 소속 공무원이 참여요원으로서의 소양과 자질을 갖추는 데 필요한 교육 및 훈련을

받을 수 있도록 관련 국내외 기관에 위탁 또는 파견할 수 있다.

제13조(불이익 처분의 금지 및 신분 보장) ① 누구든지 참여요원 또는 참여요원이었던 자에게 평화유지활동 참여를 이유로 불이익한 처분을 하여서는 아니된다.

② 평화유지활동에 참여하는 공무원(현역 군인 및 경찰을 포함한다)은 파견 기간 중 평화유지활동 참여요원으로서의 신분과 대한민국 공무원으로서의 신분을 동시에 보유하는 것으로 본다.

③ 평화유지활동에 참여하는 대한민국 국적의 민간인은 국제평화 안전유지 요원으로서의 신분과 대한민국 국민으로서의 신분을 동시에 보유하며, 국제법상 가능한 모든 보호를 받는다.

제14조(수당 등의 지급) 정부는 평화유지활동 참여요원에 대하여 파견지역의 근무 환경과 수행 임무를 고려하여 관계 법령에서 정하는 바에 따라 수당을 지급할 수 있다.

제15조(사고예방 및 재해방지) 정부는 파견부대 소속 군인 및 참여요원의 신변안전 보호 및 사고예방을 위한 종합대책과 재해방지대책을 마련하여 시행하여야 한다.

제16조(평화유지활동 정책협의회의 설치 및 운영) ① 평화유지활동에 관한 정부 정책의 효과적인 집행, 관계 부처 간의 협력 및 조정을 위하여 외교부에 평화유지활동 정책협의회(이하 "정책협의회"라 한다)를 둔다. 〈개정 2013.3.23.〉

② 정책협의회는 의장 1명을 포함한 10명 이내의 위원으로 구성하며, 외교부장관이 의장이 된다. 〈개정 2013.3.23.〉

③ 정책협의회에 관련 중앙행정기관의 고위공무원으로 구성되는 실무위원회를 두고, 외교부차관이 실무위원회의 장이 된다. 〈개정 2013.3.23.〉

④ 그 밖에 정책협의회와 실무위원회의 구성 및 운영에 관한 사항은 대통령령으로 정한다.

제17조(물자협력) ① 정부는 평화유지활동에 필요하다고 인정되는 범위에서 물자협력을 할 수 있다.

② 물자협력의 구체적인 규모, 절차 및 그 밖에 필요한 사항은 대통령령으로 정한다.

[본조신설 2015.2.3.]

부칙 〈제13123호, 2015.2.3.〉

제1조(시행일) 이 법은 공포 후 6개월이 경과한 날부터 시행한다.

제2조(국군부대 파견의 국회 동의에 관한 적용례) 제6조제2항의 개정규정은 이 법 시행 후 최초로 파견동의안(파견연장 동의안을 포함한다)을 제출하는 경우부터 적용한다.

[출처] 법제처 국가법령정보센터

【부록 6】 ODA 공여 현황

1) 세계 주요 국가(OECD) ODA 공여(수준) 현황

(순지출 기준, 단위: 백만 불, %)

국가	2014년도(잠정)		2013년도		증감률(%)	
	ODA	ODA/GNI	ODA	ODA/GNI	명목	실질^{주)}
미국	32,729	0.19	31,497	0.18	3.9	2.3
영국	19,387	0.71	17,871	0.70	8.5	1.2
독일	16,249	0.41	14,228	0.38	14.2	12.0
프랑스	10,371	0.36	11,339	0.41	△8.5	△9.2
일본	9,188	0.19	11,582	0.23	△20.7	△15.3
스웨덴	6,223	1.10	5,827	1.01	6.8	11.0
네덜란드	5,572	0.64	5,435	0.67	2.5	1.6
노르웨이	5,024	0.99	5,581	1.07	△10.0	△4.3
호주	4,203	0.27	4,846	0.33	△13.3	△7.2
캐나다	4,196	0.24	4,947	0.27	△15.2	△10.7
스위스	3,548	0.49	3,200	0.45	10.9	9.2
이탈리아	3,342	0.16	3,430	0.17	△2.6	△2.9
덴마크	2,996	0.85	2,927	0.85	2.4	1.6
벨기에	2,385	0.45	2,300	0.45	3.7	3.3
스페인	1,893	0.14	2,375	0.18	△20.3	△20.3
한국	1,851	0.13	1,755	0.13	5.4	0.8
핀란드	1,635	0.60	1,435	0.54	13.9	12.5
오스트리아	1,144	0.26	1,171	0.27	△2.3	△3.8

아일랜드	809	0.38	846	0.46	△4.4	△4.5
뉴질랜드	502	0.27	457	0.26	9.8	6.8
폴란드	437	0.08	472	0.1	△7.4	△8.3
룩셈부르크	427	1.07	429	1.00	△0.5	△1.1
포르투갈	419	0.19	488	0.23	△14.1	△14.9
그리스	248	0.11	239	0.1	3.8	6.3
체코	209	0.11	211	0.11	△0.9	2.5
슬로바키아	81	0.08	86	0.09	△5.8	△5.1
슬로베니아	62	0.13	62	0.13	0.0	△0.3
아이슬란드	35	0.21	35	0.25	0.0	△3.8
DAC전체	135,164	0.29	135,072	0.30	0.1	△0.5

주: OECD DAC에서 발표한 실질증감률은 순지출 기준 명목금액 변동 중 물가상승과 환율변화에 따른 영향을 제외한 수치

[출처] 외교부 보도자료, "2014년 우리나라의 원조, 전년 대비 0.9억 불 증가한 18.5억 불," http://www.mofa.go.kr/news/pressinformation/index.jsp?menu=m_20_30(검색일: 2015.7.23)

2) 한국의 국제개발협력 기본법

국제개발협력기본법
[시행 2015.4.16.] [법률 제12767호, 2014.10.15., 일부개정]

제1조(목적) 이 법은 국제개발협력에 관한 기본적인 사항을 규정하여 국제개발협력정책의 적정성과 집행의 효율성을 제고하고 국제개발협력의 정책목표를 효과적으로 달성하게 함으로써 국제개발협력을 통한 인류의 공동번영과 세계평화의 증진에 기여함을 목적으로 한다.

제2조(정의) 이 법에서 사용하는 용어의 뜻은 다음과 같다.
1. "국제개발협력"이란 국가·지방자치단체 또는 공공기관이 개발도상국의 발전과 복지증진을 위하여 협력대상국에 직접 또는 간접적으로 제공하는 무상 또는 유상의 개발협력(이하 "양자간 개발협력"이라 한다)과 국제기구를 통하여 제공하는 다자간 개발협력을 말한다.
2. "개발도상국"이란 경제협력개발기구 개발원조위원회가 정한 공적개발원조 대상국(지역을 포함한다)을 말한다.
3. "협력대상국"이란 개발도상국 가운데 1인당 국민소득수준, 경제·사회발전단계 등을 고려하여 정부가 국제개발협력이 필요하다고 판단하여 선정하는 국가를 말한다.
4. "국제기구"란 경제협력개발기구 개발원조위원회가 정한 개발관련 국제기구(비정부간기구를 포함한다) 가운데 우리나라가 재정적 기여를 하거나 공동사업추진 등을 통하여 협력하는 국제기구를 말한다.
5. 양자간 개발협력 중 "무상협력"이란 협력대상국에 대하여 현금·현물·인력·기술협력 등의 형태로 제공하는 것으로서 긴급재난구호를 포함하며 상환의무가 없는 것을 말한다.

6. 양자간 개발협력 중 "유상협력"이란 이자율·상환기간 및 거치기간 등에 있어서 협력대상국이 국제 자본시장에서 자금을 상업적 조건으로 차입할 수 있는 것보다 유리한 조건으로 협력대상국에 제공하는 현금 또는 현물 등으로서 상환의무가 있는 것을 말한다.

7. "다자간 개발협력"이란 국제기구에 대한 출연·출자 및 양허성 차관 등을 통하여 개발도상국에게 간접적으로 제공하는 국제개발협력을 말한다.

8. "시행기관"이란 국제개발협력과 관련한 사업을 실시하는 중앙행정기관, 지방자치단체 및 공공기관을 말한다.

제3조(기본정신 및 목표) ① 국제개발협력은 개발도상국의 빈곤감소, 여성·아동·장애인의 인권향상, 성평등 실현, 지속가능한 발전 및 인도주의를 실현하고 협력대상국과의 경제협력관계를 증진하며 국제사회의 평화와 번영을 추구하는 것을 기본정신으로 한다. 〈개정 2013.7.16.〉

② 국제개발협력은 제1항의 기본정신을 추구하기 위하여 다음 각 호의 사항을 달성하는 것을 목표로 한다.

1. 개발도상국의 빈곤감소 및 삶의 질 향상
2. 개발도상국의 발전 및 이를 위한 제반 제도·조건의 개선
3. 개발도상국과의 우호협력관계 및 상호교류 증진
4. 국제개발협력과 관련된 범지구적 문제 해결에 대한 기여
5. 그 밖에 제1항의 기본정신을 달성하기 위하여 필요하다고 인정되는 사항

제4조(기본원칙) ① 국가, 지방자치단체, 그 밖의 시행기관(이하 "국가등"이라 한다)은 국제개발협력을 실시함에 있어서 다음 각 호의 원칙과 우리나라의 대외정책을 종합적으로 고려하여 추진하여야 한다.

1. 국제연합헌장의 제반 원칙 존중
2. 협력대상국의 자조노력 및 능력 지원
3. 협력대상국의 개발 필요 존중
4. 개발경험 공유의 확대

5. 국제사회와의 상호조화 및 협력 증진

② 국가등은 양자간 개발협력과 다자간 개발협력 간의 연계성과 무상협력과 유상협력 간의 연계성을 강화하고, 국제개발협력정책을 일관성 있게 추진함으로써 국제개발협력의 효과가 극대화되도록 노력하여야 한다.

제5조(국가등의 책무) ① 국가등은 제1조의 목적과 제3조의 기본정신 및 목표 등을 고려하여 국제개발협력 사업을 추진하여야 한다.

② 국가등은 개발도상국의 빈곤퇴치 및 지속가능한 발전을 위한 국제사회의 노력에 동참하고 이를 위하여 적극적인 역할을 수행한다.

③ 국가등은 관련 민간단체 등과 협력하여 국제개발협력 사업을 체계적으로 추진함으로써 국제개발협력 사업의 효과가 향상되도록 노력한다.

④ 국가등은 국제개발협력의 제공 및 제공된 국제개발협력의 활용과정에서 투명성을 증진시키기 위하여 노력하여야 한다. 〈신설 2014.10.15.〉

제6조(다른 법률과의 관계) 국제개발협력에 관한 다른 법률을 제정 또는 개정하는 경우에는 이 법의 목적과 기본정신에 맞도록 하여야 한다.

제7조(국제개발협력위원회) ① 국제개발협력에 관한 정책이 종합적·체계적으로 추진될 수 있도록 주요 사항을 조정 및 심사·의결하기 위하여 국무총리 소속으로 국제개발협력위원회(이하 "위원회"라 한다)를 둔다. 〈개정 2014.10.15.〉

② 위원회는 위원장 1명 및 간사위원을 포함한 25명 이내의 위원으로 구성한다.

③ 위원장은 국무총리가 되고, 위원은 기획재정부장관, 외교부장관, 국무조정실장과 대통령령으로 정하는 중앙행정기관 및 관계 기관·단체의 장과 학식과 경험이 풍부한 자 중에서 위원장이 위촉한 자로 한다. 〈개정 2013.3.23.〉

④ 간사위원은 국무조정실장이 되며, 위원회의 업무처리와 운영에 관하여 필요한 지원을 한다. 〈개정 2013.3.23.〉

⑤ 위원회는 다음 각 호의 사항을 조정 및 심사·의결한다. 〈개정 2011.7.25., 2014.10.15.〉

1. 제8조에 따른 국제개발협력 기본계획 및 제11조제4항에 따른 연간 국
   제개발협력 종합시행계획
2. 제13조에 따른 국제개발협력에 대한 평가에 관한 사항
3. 국제개발협력과 관련된 정책 중 정부 차원의 조정이 필요한 사항
4. 그 밖에 위원장이 중요하다고 판단하여 부의하는 사항

⑥ 위원회의 부의대상 안건에 관하여 사전에 협의·조정하고 위원회가 위임
한 사항을 처리하게 하기 위하여 위원회에 국제개발협력 실무위원회(이
하 "실무위원회"라 한다)를 두고 실무위원회의 위원장은 국무조정실 차장
으로 한다. 〈개정 2013.3.23.〉

⑦ 위원회는 필요한 경우 위원회에 민간자문위원회를 둘 수 있다.

⑧ 제1항부터 제7항까지에서 정한 사항 외에 위원회, 실무위원회, 민간자문
위원회의 구성·운영 등에 필요한 사항은 대통령령으로 정한다.

제8조(국제개발협력 기본계획의 수립 등) ① 제9조에 따른 국제개발협력 주관
기관(이하 "주관기관"이라 한다)은 5년마다 각각 소관 분야의 국제개발협력에
관한 기본계획안(이하 "분야별 기본계획안"이라 한다)을 작성하여 실무위원회
를 거친 후 위원회에 제출하여야 한다.

② 위원회는 제1항에 따라 제출된 분야별 기본계획안을 종합하여 다음 각
호의 사항이 포함된 국제개발협력에 관한 기본계획을 확정한다. 〈개정
2014.10.15.〉

1. 국제개발협력정책의 기본방향
2. 국제개발협력의 규모 및 운용계획
3. 제12조에 따른 중점협력대상국에 대한 중기지원전략
4. 국제개발협력의 제공 및 제공된 국제개발협력의 활용과 관련한 투명성
   증진을 위한 계획

③ 제2항에도 불구하고 분야별 기본계획안 중 위원회가 중요하다고 판단하
는 사항은 국무회의의 심의를 거쳐 대통령이 확정할 수 있다. 〈개정
2011.7.25.〉

④ 위원회는 필요하다고 판단하는 경우에는 5년 이내라도 위원회의 조정 및

심사·의결을 거쳐 제2항 및 제3항에 따라 확정된 기본계획(이하 "기본계획"이라 한다)을 수정할 수 있다. 〈개정 2014.10.15.〉

⑤ 위원회는 기본계획을 확정하거나 대통령령으로 정하는 주요 사항을 수정하는 경우에는 지체 없이 국회에 보고하여야 한다. 〈신설 2011.7.25.〉

⑥ 위원회는 기본계획을 주관기관에 시달하고 주관기관은 이 중 각각의 시행기관의 소관에 속하는 사항을 해당 시행기관 및 재외공관(「대한민국 재외공관 설치법」에 따른 대한민국 재외공관을 말한다. 이하 같다)에 시달한다. 〈개정 2011.7.25.〉

⑦ 제1항부터 제6항까지에서 정한 사항 외에 기본계획의 수립절차 및 국회 보고에 필요한 사항은 대통령령으로 정한다. 〈개정 2011.7.25.〉
[제목개정 2011.7.25.]

제9조(국제개발협력 주관기관) ① 양자간 개발협력 중 유상협력은 기획재정부장관이, 무상협력은 외교부장관이 각각 주관한다. 〈개정 2013.3.23.〉

② 다자간 개발협력 중 「국제금융기구에의 가입조치에 관한 법률」에 규정된 국제금융기구와의 협력은 기획재정부장관이, 그 밖의 기구와의 협력은 외교부장관이 주관한다. 〈개정 2013.3.23.〉

제10조(국제개발협력 주관기관의 역할 및 기능) ① 주관기관은 다음 각 호의 역할 및 기능을 수행한다. 〈개정 2011.7.25.〉

1. 분야별 기본계획안 및 연간 국제개발협력 종합시행계획안의 작성
2. 연간 국제개발협력 종합시행계획의 이행 점검
3. 소관 분야의 기본계획 및 시행계획의 홍보
4. 그 밖에 위원회가 필요하다고 판단하여 부여하는 역할 및 기능

② 주관기관은 개별 시행기관이 소관 분야에서 전문성을 가지고 국제개발협력을 효율적으로 추진할 수 있도록 필요한 지원을 하여야 한다.

제11조(연간 국제개발협력 시행계획안의 작성 등) ① 각 시행기관은 매년 기본계획에 따라 국제개발협력 시행계획안을 작성하여 주관기관에 제출하여야 한

다. 〈개정 2011.7.25.〉

② 주관기관은 제1항에 따라 각 시행기관이 제출한 연간 국제개발협력 시행계획안이 기본계획에 부합하지 아니하는 경우에는 시행기관과 협의하여 이를 조정할 수 있다. 〈개정 2011.7.25.〉

③ 주관기관은 제1항에 따라 제출된 연간 국제개발협력 시행계획안을 종합·검토하여 각각 소관 분야의 연간 국제개발협력 종합시행계획안을 작성하여 위원회에 제출하여야 한다. 〈개정 2011.7.25.〉

④ 위원회는 제3항에 따라 제출된 분야별 연간 국제개발협력 종합시행계획안을 조정 및 심사·의결하여 연간 국제개발협력 종합시행계획을 확정하고, 이를 지체 없이 국회에 보고하여야 한다. 〈신설 2011.7.25., 2014.10.15.〉

[제목개정 2011.7.25.]

제12조(중점협력대상국의 선정) ① 위원회는 기본계획 등을 고려하여 협력대상국 중에서 국제연합이 선정한 최빈국을 포함하여 중점적으로 국제개발협력을 행하여야 할 협력대상국(이하 "중점협력대상국"이라 한다)을 주관기관과 협의하여 선정할 수 있다.

② 위원회는 중점협력대상국을 중심으로 국제개발협력이 시행되고 이를 통하여 협력효과가 제고될 수 있도록 필요한 조정을 한다.

제13조(국제개발협력에 대한 평가) ① 위원회는 국제개발협력 사업의 성과에 대한 국민의 이해와 국제개발협력 사업 시행의 투명성을 제고하기 위하여 국제개발협력 평가지침을 마련하고, 관련 정책 및 사업의 추진실적을 평가한다.

② 각 시행기관은 제1항의 평가지침에 따라 매년 자체평가계획을 수립하여 위원회에 제출하고, 이에 따른 사업의 추진실적 및 성과를 평가한 후 그 결과를 위원회에 제출하여야 한다. 〈신설 2013.7.16.〉

③ 각 시행기관은 제2항에 따른 사업의 추진실적 및 성과의 평가 시 외부전문가를 포함할 수 있다. 〈신설 2014.10.15.〉

④ 위원회는 제1항 및 제2항에 따른 국제개발협력에 대한 평가 결과를 공개

하여야 한다. 〈신설 2014.10.15.〉

⑤ 위원회는 제1항의 평가결과를 매년 6월 30일까지 국회에 보고하여야 한다. 〈개정 2013.7.16., 2014.10.15.〉

⑥ 제1항, 제4항 및 제5항에 따른 평가의 기준·방법, 평가 결과 공개의 대상·범위 및 기준, 국회에의 보고 등에 관하여 필요한 사항은 대통령령으로 정한다. 〈개정 2013.7.16., 2014.10.15.〉

제14조(민간국제개발협력단체 등에 대한 지원) ① 국가등은 이 법에 따른 국제개발협력의 기본정신 및 목표 등에 부합하는 활동을 하는 민간국제개발협력단체 또는 그 단체의 연합체에 대하여 주관기관과 협의하여 필요한 지원을 할 수 있다.

② 국가등은 제1항의 지원을 제공함에 있어 사업의 효과성을 제고하기 위하여 적절한 조건을 부과할 수 있다.

제15조(국민 참여를 위한 홍보 등) ① 국가등은 국제개발협력의 필요성에 관한 국민의 지지를 확보하고 국민의 참여를 확대하기 위하여 다양한 대국민 홍보 및 인식제고 방안을 마련하여 시행한다.

② 국가등은 국제개발협력의 방향과 주요 실적을 다양한 방법을 통하여 공개한다. 이 경우 공개의 대상·범위 및 기준 등 구체적인 사항은 대통령령으로 정한다. 〈개정 2014.10.15.〉

③ 국가는 국제개발협력 사업의 효율적인 관리와 집행을 위하여 국제개발협력 사업에 관한 종합정보 제공체계를 구축하여 운영한다.

제16조(전문 인력의 양성) ①국가는 국제개발협력의 각 분야별 전문 인력을 양성하기 위하여 노력한다. 〈개정 2014.10.15.〉

② 국가는 국제개발협력의 각 분야별 전문 인력을 양성하기 위하여 관계 시행기관 등으로 구성된 협의체를 구성·운영할 수 있다. 〈신설 2014.10.15.〉

③ 국가는 국제개발협력 사업의 원활한 추진과 분야별 전문 인력의 효율적인 관리를 위하여 시행기관이 관리하는 분야별 전문 인력에 관한 정보를 공

유할 수 있는 체계를 구축하여 운영할 수 있다. 〈신설 2014.10.15.〉

제17조(국제교류 및 협력의 강화) 국가등은 국제기구, 외국의 정부 및 단체 등과 국제개발협력과 관련된 정보교환, 공동 조사·연구, 행사의 개최 등 국제 교류·협력의 추진 및 강화를 위하여 노력한다.

제18조(국제개발협력 통계자료) ① 시행기관은 매년 전년도의 국제개발협력의 통계자료를 주관기관과의 협의를 거쳐 위원회가 지정하는 기관에 제출하여야 한다.

② 주관기관은 소관 분야의 국제개발협력사업 통계자료를 작성·분석·관리한다.

③ 제1항에 따라 지정된 기관은 시행기관의 국제개발협력사업 통계자료를 종합하여 국제개발협력에 관한 연간 통계자료를 작성하고 위원회 및 주관기관에 제출하여야 한다.

④ 위원회는 국회의 상임위원회가 요구하는 경우 제3항에 따른 통계자료를 제출하여야 한다.

제19조(재외공관의 역할) ① 재외공관은 국제개발협력 사업의 발굴, 추진 및 평가 등 사업시행 과정에 참여하여야 한다.

② 시행기관은 국제개발협력 사업의 원활한 추진을 위하여 사업시행 과정에서 외교부를 통하여 재외공관과 협의하여야 하며 필요한 지원을 받을 수 있다. 〈개정 2013.3.23.〉

제20조(권한의 위임·위탁 등) 이 법에 따른 주관기관의 권한은 대통령령으로 정하는 바에 따라 그 일부를 다른 시행기관에 위임하거나 위탁할 수 있다.

부칙 〈제12767호, 2014.10.15.〉
이 법은 공포 후 6개월이 경과한 날부터 시행한다.

[출처] 법제처 국가법령정보센터

색·인

필·자·소·개

▌박흥순

현 | 선문대학교 국제관계학과 교수

유엔한국협회 부회장

미국 University of South Carolina 국제정치학 박사

연구분야: 국제기구, 다자외교, 글로벌 거버넌스

▌정우탁

현 | 유네스코 아시아태평양 국제이해교육원 원장

서강대학교 정치외교학 박사

연구분야: 국제기구, 국제개발협력, 국제이해교육

▌이신화

현 | 고려대학교 정치외교학과 교수

미국 University of Maryland at College Park, 국제정치학 박사

연구분야: 글로벌안보와 국제기구, 유엔 PKO와 인도적 위기,

동북아시아 다자안보 및 외교정책, 비전통안보